Ida Boy-Ed

Das Martyrium der Charlotte von Stein

Versuch ihrer Rechtfertigung

unikum

Ida Boy-Ed

Das Martyrium der Charlotte von Stein

Versuch ihrer Rechtfertigung

ISBN/EAN: 9783845742151
Erscheinungsjahr: 2012
Erscheinungsort: Bremen, Deutschland

www.unikum-verlag.de | office@unikum-verlag.de

Ida Boy-Ed

Das Martyrium der Charlotte von Stein

Versuch ihrer Rechtfertigung

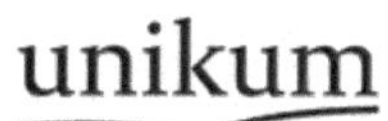

Das Martyrium der Charlotte von Stein

Versuch ihrer Rechtfertigung

von

Ida Boy-Ed

8.–10. Auflage

J. G. Cotta'sche Buchhandlung Nachfolger
Stuttgart und Berlin 1920

„O könnt' ich Dir sagen, was ich Dir schuldig bin!"

Goethe an Frau von Stein, 25. März 1781.

1

Im Leben der Charlotte von Stein haben zwei Bedingtheiten nicht genug Beachtung gefunden. Der Glanz ihrer Glücksjahre und die Schatten der nachfolgenden Zeit, wo ihr Wesen auf eine geringere Stufe zu sinken schien, lenkten die Augen der Nachwelt ab. Das Spiel von Licht und Dunkel, wo eines das andere bezwingen wollte, war verwirrend und verhinderte den freien Blick auf nüchterne Zeiten und Breiten dieses Frauenlebens. Und doch ist der Alltagsinhalt eines weiblichen Daseins für die Erkenntnis ihrer Art wichtig.

Von diesen beiden Bedingtheiten ist die erste, mit rascher Feder kurz umrissen, wie folgt darzustellen:

Charlotte lebte von früher Jugend an in einer Welt, wo Form zwar nicht immer ohne Inhalt, aber doch wichtiger als er war. Sie bewegte sich zwischen Sorge, Kleinstadtenge, höfischem Zwang, der sich nur durch die ästhetische Maske von verletzender, demütigender und die Eigenrechte schmälernder Dienstbarkeit unterschied.

Noch in späten Jahren und trotz aller sie mit der Herzogin Luise verbindenden Freundschaft, Erinnerungen und Schicksale klagt sie, „daß es schwer sei, den Fürsten begreiflich zu machen, daß man auch um seiner selbst willen auf der Welt sei“. — Ihr Vater, Johann

Wilhelm Christian von Schardt, hatte verstehen müssen, sich wartend zu bücken, um ein höfisches Amt zu erlangen, das ihm als das einzig mögliche Lebensziel galt. Ernst August nahm ihn denn auch in seinen Dienst; zuerst als Reisemarschall mit sechshundert Talern Gehalt und freiem Futter für vier Pferde. Von solchen Anfangsumständen aus entwickelte sich das ganze künftige wirtschaftliche Dasein dieser Menschen: immer ein knappes Auskommen, immer das Hoffen auf bessere Bedingungen und das Streben, den Hohen Herrschaften sich möglichst unentbehrlich zu machen. Auch sie selbst und ihre Geschwister kannten es gar nicht anders: von der Fürstenfamilie mußte ihnen der Grundstock der Geldeinnahmen gewährt werden. Sechzehnjährig wurde sie schon Hoffräulein bei Anna Amalia, und das bedeutete für ihre Eltern eine Erleichterung. Die schwerblütige Mutter, die Schottin Konkordia Elisabeth Irving of Drum, gab dem Geist des Hauses eine fast bigotte Färbung, und ihre Ergebung darein, daß alle irdische Lust und Gewalt eitel sei, brachte in den gedrückten Charakter der Umwelt gewiß keinen höheren Schwung. Diese mehr trübe als leuchtende Frömmigkeit hat noch viele Jahre die Seele Charlottens umpreßt; alle ihre Kinder, um dies nebenbei zu erwähnen, bekamen in der Taufe den Namen „Gottlob" als Auftakt zu den eigentlichen Vornamen. Eine so demütig gedrückte Kirchlichkeit wie die, in welcher ihre Mutter sich kasteiete, konnte der Tochter das Gemüt nicht wohl froh und mutig werden lassen. Wer sich in seiner Jugend immer ängstlich vor- und umsehen muß, kann nicht frisch emporschreiten.

Und zu einer freien Entwicklung zu gelangen, ist fast unmöglich.

Die zweite Bedingtheit war die frühe körperliche Erschöpftheit Charlottens! Am Hofe der Regentin warb der Stallmeister und Rittergutsbesitzer Josias von Stein um Charlotte von Schardt; er war für die junge Hofdame die sich darbietende zusagende Gelegenheit zur Heirat. Die Summe aller seiner unwandelbaren Charakter-, Geistes- und Gemütseigenschaften läßt sich in das eine Wort zusammenfassen: angenehm. Charlotte hat es wohl niemals anders gewußt, als daß eine standesgemäße Verbindung ihre Zukunft sichern müsse. Und Stein war sicherlich ein Mann, gegen den sich nichts in ihr gewehrt haben wird. Sie, unsinnlich veranlagt und formvoll erzogen, lockerte sich in dieser neuen Lage nicht aus dem wohlgefügten Rahmen ihres Wesens. Weder vor sich selbst noch vor der Umgebung führte sie das Schauspiel eines Liebesfrühlings auf; alles ging gemäßigt zu. Der doppelte Wohnsitz gab dem Leben mehr Mannigfaltigkeit. Im Hochsommer und Herbst ging man nach Kochberg, dem Rittergut im Eigentum Steins; die übrige Zeit bewegte man sich in der Hofgesellschaft von Weimar, wo die Dienstwohnung gute Räume bot. Zum fördernden Genuß dieser verbesserten Daseinsumstände kam Charlotte aber nicht. Sie gebar sieben Kinder! Wenn man hinzufügt, daß vier davon starben, weiß jede Frau — was Männer nie völlig, weder seelisch noch körperlich, wägen und werten können —, was für leidvolle, zerquälte, beanspruchende Jahre das gewesen sind. Der Körper mußte so viel hergeben, daß er sich in peinlicher Ermattung nur von Pflicht zu Pflicht hat hintasten können. Und wie sollte die Seele noch Leuchtkraft finden, diese Seele, die schon vorher nur Druck, Stille und blasse Farben gekannt hatte? Bald ein Neugeborenes in der Wiege, bald ein Geschöpf des eigenen Schoßes auf der Bahre. Viermal starrte das grauenvolle Rätsel sie an, daß hinwelkte, was von ihrem eigenen Blute entsproß und Blüte hatte werden wollen. Jede neue Hoffnung war ihr vorweg mit der Angst vor neuem Schmerz verknüpft. Sollten ihre Nerven da nicht von der verzehrenden Empfindung zermürbt worden sein, die so zu durchleiden nur einem Weibe auferlegt werden kann: von der Furcht vor Hoffnung — dem schrecklichen Widersinn? Natürlich blieb auch die Last nicht aus, an denen so manche Frau schleppt, wenn ihre Lenden von zuviel Wochenbetten erschlafften: Frauenleiden, Blutarmut und Nervosität haben Charlotte nie verlassen. Ihr Zustand konnte kein anderer sein als der einer halbverborgenen Herbe und einer beständigen innerlichsten Müdigkeit, die mit Teilnahme an den Scheinwichtigkeiten der Gesellschaft zu übertünchen aber ihre höfische Gewohnheit und Pflicht war.

Diese beiden Bedingtheiten hatten verhindert, daß die Sonnenstrahlen unbefangener Jugendlichkeit sich um die Stirn Charlottens woben. Sie erscheint immer als die in sich Gehaltene, vornehm über stürmischer Bewegung Stehende, von einer mehr vorsätzlichen als ursprünglichen Liebenswürdigkeit. Als eine, die weder Anlage, Kraft noch Sehnsucht hat, ihre wohlbemessene Bahn zu verlassen. Denn alle mühsamen Umstände ihres Lebens ertrugen sich am ehesten im Göpel der Gewohnheit. — So war sie im allertiefsten Sinn unjung!

Und in das Dasein dieser unjungen Frau trat nun Er, der die ewige Jugend selbst war — Jugend, die wächst und sich wandelt; Jugend, die keine Lauheit kennt; Jugend, die jeden Tag neue Wunder lebt und offenbart; Jugend, die mit Götterhänden im goldenen Gefunkel sprühende Saat auswirft; Jugend, die bis in die Wolken baut; die noch aus der Maske der in wunderbarer Schönheit sich zum Greisenhaften umgestaltenden Hülle ruft: „Habe ich nicht mit meinem eigenen Werden genug zu tun?"

Goethe —

Aber gerade weil sie unjung war, bedurfte seine Jugend eine Wegsstrecke ihrer Nähe. Ahnungsvoll und sicher griff er nach der rechten Hand. Wir wissen, daß die Ausbildung seiner Persönlichkeit ihm immer wichtiger war als sein Werk. Und daß sein Werk ihm gerade darum gedieh. Dieser Begierde, immer neue Wesensseiten zur völligsten Entfaltung zu bringen, war Charlotte viele Jahre Helferin. Die Aristokratin zog ihn an, die in Formen Geschulte, die liebenswürdig Gefaßte, die der Gärung Ferne. Je künstlerischer ein Mensch veranlagt ist, desto wählerischer sind seine Instinkte; er ist von Geburt Aristokrat, und danach sind seine Bedürfnisse. (Hier kann man sich der zutreffenden Ausführungen aus dem schnell vergessenen Buch „Rembrandt als Erzieher" erinnern, S. 39—40.) Kann der Künstler nicht die feine Freiheit durchgebildetster Umgangsbedingungen haben, schlägt er oft genug ins Gegenteil um und wirft sich in die tollen Freiheiten der Ungebundenen. Künstler, die ihr volles Leben hindurch sich in bürgerlicher Fassung ganz und gar zufrieden fühlen, sind verdächtig — als Künstler. Goethe, sich im Rausche toller Freiheiten fühlend, suchte das vornehm Gestufte in Charlotte, gerade weil er es in diesem Augenblick seines Wachstums brauchte. „... wenn ich an Dich mein Gebet richte, und Deiner Güte, Weisheit, Mäßigkeit und Geduld teilhaft zu werden wünsche. Ich bitte Dich fußfällig: vollende Dein Werk, mache mich recht gut!"

Aber warum er ihrer bedurfte, steht hier ja nicht zum Beweis.

Hier steht durchaus nur zur Verhandlung: wie Charlotte es trug, als ihr Besitz ihm nicht mehr notwendig war! Die Haltung, die sie dann einnahm, ist umkämpft. Scharfe Gegnerschaft möchte sie entthronen. Männer stehen vor ihrem Bilde und fragen: „Wer war sie eigentlich?"

Vielleicht kann ich als Frau es unternehmen, einige Züge im Bilde zu erklären. Zwischen Mann- und Weibwesen gibt es, wir wissen es alle, eine Wand. Sie ist wie von Platin, dem festesten Metall, und schimmert geheimnisvoll anziehend; viele Türen sind in ihr; es scheint, man brauche nur die eine, richtige zu finden, um durch sie auf die andere Seite zu gelangen. Aber alles Tasten und Suchen ist vergebens: an einigen sind die Riegel diesseits, an anderen jenseits vorgeschoben. Und die, welche sich von diesseits öffnen lassen, führen nicht ins Helle, nicht in die Klarheit.

Das annähernde Verständnis vom Manne zum

Weibe kann nur vorbereitet werden, wenn man von beiden Seiten einige Riegel zurückschiebt. — Wir Frauen haben uns zu lange von der seelenkundlichen Erörterung wichtiger Fälle, darin unsterbliche Geschlechtsgenossinnen in unsicherer Belichtung standen, zurückgehalten, trotz unseres Mutes zur einfachen Darstellung, die gerade in der Psychologie so wünschbar ist.

Wenn ich nur ein Geringes zum Verständnis Charlottens in der Zeit ihrer Leiden um Goethe beitragen kann, werden die Untersuchungen nicht vergeblich gewesen sein. Die Aufgabe ist schwer vor allem wegen ihrer Vorbedingung: es gilt nicht die Seiten all der Goetheliteratur aufzublättern, deren Kenntnis man sich in vielen Jahren eindringlicher Teilnahme erwarb; vielmehr gilt es auf diese Bücher die festschließende Hand zu legen[1]). Sie aurufen würde wie von selbst oft Auseinandersetzung. Ich will aber nicht polemisieren, sondern nur aussagen. Nichts will ich, als in Goethes Worte und in Charlottens Betragen hineinhorchen — nicht verkennend, daß dies letztere mehr noch offenbart als seine Worte. Ein alles Menschliche in sich zusammenfassendes Wundergeschöpf wie Goethe widerlegt sich oft selbst; jeder Deuter findet für seine Beweisführungen Zeugnisse Goethes gegen Goethe.

2

Charlotte von Kalb verbrannte Schillers Briefe. Charlotte von Stein entzog uns die ihrigen an Goethe.

---

[1]) Daß viel Tatsächliches aus Bodes, an Vollständigkeit nicht zu überbietendem Buch entnommen ward, sei dankbar angemerkt.

In diesen Tatsachen verbirgt sich eine solche Welt von Gegensätzlichkeit im Wesen der beiden Charlotten und im tiefsten Wesen ihrer Beziehungen zu den Unsterblichen, daß man alles darin Einbeschlossene heraussondern und in einer selbständigen Studie ausgestalten möchte. — Aber wir wissen deshalb nicht weniger von Frau von Stein, weil wir ihre Briefe aus der Zeit der Entfaltung und Blüte ihres Liebesbundes mit Goethe nicht besitzen. Haben nicht selbst wir Bescheidenen es ungezählte Male an uns beobachtet, daß unsere Feder wie von guten Geistern geführt freudiger und in höherem Schwunge über das Papier gleitet, wenn wir an Erlesene schreiben, die das Möglichste in uns aufquellen lassen, sobald wir uns nur in Gedanken mit ihnen in Verbindung setzen? Ein Brief, in dem Reichtum ist, sagt nicht nur vom Vermögen des Schreibers, sondern auch von dem des Empfängers viel aus. (Wilhelm von Humboldts Briefe an dies unbedeutende Schattengeschöpf, das Charlotte Diede hieß, lasse ich nicht als Briefe im Sinne des Austausches gelten: es waren Blätter, die der Betrachtende, Gedankenvolle, Wortreiche beschrieb, um seinem Bedürfnis, zu sprechen, eine Gelegenheit mehr zu geben.) Auch die mindeste Form solchen Vermögens: das anmutige Aufnehmen, die geistige Grazie des Verstehens, ist, wenn der Briefschreiber Goethe heißt, etwas Auszeichnendes. Selbst wenn er Dinge in Charlotte hineintrug, die in ihr naturwüchsig nicht vorhanden waren, bliebe ihrem Wesen doch immer der Ruhm, ein ihm willkommenes und wohlgefälliges Gefäß gewesen zu sein. Und noch ein äußerstes „selbst wenn“ — —

„Ein Wahn, der mich beglückt,
Ist eine Wahrheit wert,
Die mich zu Boden drückt."

Ein anfechtbares Wort bei sittlichen Messungen. Ein herrliches für den Musensohn, der aus Illusionen Steine gewinnt zu ewigen Bauten — gleich der modernen Chemie, die der Luft Materie zum mittelbaren Unterhalt des Lebens abzwingt. —

Aber es wäre doch ein gründliches Verkennen, wenn man in solchen Gedanken die beiden Schlußverse aus der spöttisch-reizvollen, viele, viele Jahre später gedichteten „Erinnerung"

„Wir irrten uns an einander;
Es war eine schöne Zeit —"

als etwa auch auf Goethe und Charlotte zugeschnitten anrufen wollte.

Aus Goethes Briefen her umströmt Charlotte eine Lichtfülle, die so blendend ist, daß sie allein die Gestalt nicht sicher erkennen lassen könnte. Umrisse zerfließen in voller Sonne. Man muß versuchen, auch mit den Augen einiger Nüchterner zu sehen. Da waren die verschiedensten untereinander nicht Gleichgesinnten — denn dies sind ja unter anderem die Reize, Segnungen und Fruchtbarkeiten Weimars gewesen, daß eigentlich so ziemlich alle Welt miteinander verfeindet war, vielfach aus den innersten Notwendigkeiten gegensätzlicher Individualitäten und Arbeitsziele heraus. Goethe stellte es Kanzler Müller gegenüber ausdrücklich fest. Und die geringeren Geister hatten nicht immer sicheren Blick für die Größe, die sich ihnen zu nah erhob — Froschperspektive war vielfach der Sehpunkt der weimaraner Welt! Wenn schon solch falsche Sicht im Geistigen vorkam, wie mußte da der gesellschaftliche Klatsch und die Freude am Verkleinern und Unterstellen geringer Art sich breit gebärden. Wir erfuhren aus vielen Quellen, daß er es getan hat. Nun ist aber gerade Charlotte von Stein mit unzerrissenem Kleid zwischen diesen Dornenhecken dahingegangen, was zum mindesten ein Zeugnis ihres harmonischen Benehmens und bedachten Auftretens ist. Jedermann, der im Weimar jener Zeit sich umgetan hat, der rückwärts gewendet zwischen diesen Schatten lebte, um sie mit den galvanischen Kräften der Phantasie und des Verständnisses wieder körperhaft werden zu lassen, kennt die Einschätzungen Charlottens; alle bekunden, daß sie geehrt, die meisten auch, daß sie geliebt war. Ihr Charakterbild kann für die Augen ihrer ihr zunächst Mitlebenden keineswegs unsichere oder unklare Linien gehabt haben. Vom Doktor Zimmermann bis zum alten Knebel sieht man Frau von Stein immer nur als anziehende, viel bedeutende, gesuchte Frau genannt. Dieses „von — bis" mag auffallen. Ich meine, wenn ich diesen Bogen ziehe, so: die Reise nach Pyrmont, wo Charlotte sich in Doktor Zimmermanns Behandlung begab, war eine wichtige Station in ihrem Leben. Alle ihre Wochenbetten lagen hinter ihr, sie atmete zum erstenmal ein wenig auf, durfte an sich denken und fand in dem, sich im Wesen gern glänzend gebenden Zimmermann einen anregenden Freund; den, der zuerst von ihr zu Goethe — von Goethe zu ihr hin und her sprach, die Verbindung herzustellen sichtlich beflissen. Und der rührende alte

Knebel! Welch empfindsames, mehr ergriffenes als uns noch ergreifendes Gedicht ließ er noch über Charlottens Grab hinklingen! Er meinte, daß die Erde ein Himmelreich sein würde, wenn es auf ihr viele Seelen gäbe gleich der Charlottens! Aber von all den Freunden, die für Charlottens Persönlichkeit aussagen können, will ich nur einen Menschen hier aufrufen. Nicht Schiller, trotzdem er, ungewohnt und auffallend, warme Worte für sie schon nach dem ersten Eindruck findet; milde Urteile waren selten seine Sache; die Literaturgeschichte weiß es, und seine Briefe an Körner bezeugen es, wie voreilig und eng er wohl urteilte. Auch nicht Lotte Schiller, die Güte über Güte von Frau von Stein empfing, ein ganzes Menschenalter hindurch mütterliche Treue von ihr erfuhr. Nur des herben, schlichten und doch von hoher Fürstlichkeit getragenen Wesens der Herzogin Luise braucht man sich zu erinnern. Sie stand auf so kühler Höhe, verbarg so tief ihre Wärme, verhehlte so keusch ihre tätige Güte, daß es zum Zeugnis aller Zeugnisse wird, wenn sie liebt! Und sie hat bis zum Ende voll Treue und Liebe an Charlotte von Stein gehangen.

Die Unsterblichen haben ein furchtbares Geschick. Sie, die in früheren Jahrhunderten lebten, und jene, die noch das erste Drittel des neunzehnten sahen, vermochten es nicht voraus zu ahnen. Sie konnten nicht die geringste Vorstellung davon haben, daß ein Zeitalter anbrechen würde, wo die Entfernung aufgehoben, die Verborgenheit für das Privatleben eines Wichtigen unmöglich, die Teilnahme an seinen Daseinsumständen allgemein werden sollte und die Öffentlichkeit unbegrenzt. Nicht, daß die literarische Bildung des Volkes sich so ausbreiten sollte, daß eine wenigstens ungefähre Kenntnis des Erlebens der Geistesheroen auch dem Oberflächlichen nötig erscheint. Ich glaube, wenn sie das vorausgesehen hätten, wäre mancher Brief und manches sonstige Zeugnis der Menschlichkeit vernichtet worden. Nun stehen die, die nicht mehr in einem Körper, sondern nur in der heilig-zarten, durchsichtigen Hülle eines Namens für uns leben, vor uns, grell beleuchtet bis zur Unerträglichkeit.

Vielleicht wäre es schöner gewesen, ihnen mehr Hüllen zu lassen. — Man muß an Nietzsches häßlichsten Menschen denken, der Gott abschaffte, um keinen Zeugen zu haben! Wo ist der Sterbliche, der völlig, für jede Falte seines Wesens, für jede Stunde seines Daseins einen Zeugen vertragen kann? Dies aber ist das Schicksal der Großen und der mit ihnen Verketteten geworden: Zeugen zu haben, für jede Geste und jeden Gedanken, für ihr Handeln und ihr Unterlassen.

Auch Charlotte, nachdem sie aus den Briefveröffentlichungen und mit dem Beginn der Goetheforschung für die Nachwelt als eine der Hauptgestalten im Strahlenkreise des Unsterblichen erkennbar geworden war, durfte nicht mehr ihr Frauenleben mit all seinen Liebenswürdigkeiten und all seinen weiblichen Besonderheiten als ihr Eigenstes behalten. Verherrlichung lag vor ihr auf den Knien, Anzweiflung ihres Wertes fand scharfe Worte. Es wurde in Erwägung genommen, ob Goethe sich über Charlottens Wert täuschte und man demnach von ihr keine größere Würde hat verlangen dürfen, als sie nachmals zeigte. Und da muß man sich denn doch wieder auf seine, des tiefsten Erkenners und hellseherischen Beobachters eigenste Zeugnisse beziehen, auf dessen, der von sich selbst aussagte, wie ihm doch fast keine Existenz ein Rätsel sei. Der der große Durchschauer war! Hierzu wird Vorsicht kein Urteil heranholen aus der Zeit der ersten Begeisterung. Aber nach mehr als fünfjährigem Austausch von Seele zu Seele schreibt Goethe in einer entscheidungsreichen Zeitspanne: „Ich wollte, daß es irgend ein Gelübde oder Sakrament gäbe, das mich Dir auch sichtlich und gesetzlich zu eigen machte, wie wert sollte es mir sein. Und mein Noviziat war doch lang genug, um sich zu bedenken." Ich meine: ein Mann kann sich leicht über den geistigen Wert einer Frau täuschen, die seine, durch sie erweckte geschlechtliche Begierde, im anreizenden Spiel des Gewährens und Versagens, ihn berauschend, befriedigt. Aber bei einer noch durchaus seelischen Verbindung, die jahrelang der erhöhende Schmuck des Daseins beider Teile war, ist das in den noch vorhandenen Grenzen unmöglich. Über Christiane, mit der er früher körperlich als seelisch sich einte, konnte er sich in den ersten Jahren täuschen, über Charlotte nicht. Die Entwicklung und der Verlauf eines Liebesbundes hängt, was kann einleuchtender sein, in den meisten Fällen von der Art seines Werdens ab und ob sich die Vereinigung rasch im Sturm sinnlichen Verlangens vollzog, oder ob langsam aus der seelischen Gemeinsamkeit der Wunsch erwuchs, durch körperlichen Besitz noch letzte und tiefste Erkenntnis zu gewinnen.

Bei Liebesverhältnissen sind, wie bei manchen Büchern, die Vorreden das Aufschlußgebende, und sie haben zuweilen den Wert eines Leitfadens. —

Eine der Hauptfragen bei den Untersuchungen ihrer Beziehungen zueinander ist immer gewesen: hat Charlotte dem Freunde ihren körperlichen Besitz gewährt? Die sichere Beantwortung dieser Frage ist die Überschrift am Torbogen, durch den man zum Verständnis von Charlottens Bitterkeiten schreitet. Manches Jahr habe ich mir, still für mich, den einen wie den anderen Fall gesetzt. Und endlich haben mich gerade diese Bitterkeiten, welche der eigentliche Anlaß dieser Studie sind, viel mehr noch als selbst Goethes Zeugnisse, zum unbedingten Glauben gezwungen, daß sie sich im März 1781 ihm ganz zu eigen gab und sich vier, fünf Jahre lang in völliger Verbundenheit mit ihm seiner Liebe sicher fühlte.

In jenem herrlichsten, eben schon angerufenen Brief vom 12. März wünscht er, daß es ein Band gebe, das ihn ihr auch sichtlich zu eigen mache. Ihre Freundschaft war keinem Auge verborgen; wenn seine Empfindung darüber hinaus noch etwas sichtlich zu machen wünschte — die Art des Wunsches schließt schon die Unerfüllbarkeit in sich —, gab es eben doch noch geheime Bindungen zwischen ihnen. An derselben Stelle, die ich oben schon abschrieb, spricht er von seinem langen Noviziat. Und wenige Tage später (23. März) nennt Goethe sie unterstrichen „meine neue". Durch seine Briefe, in denen schon seit Jahresbeginn erhöhte Wärme schwillt, flutet vom März an ein Strom von Glück und Innigkeit, und sein Tagebuch ruhte völlig bis zum 31. Juli. Er schreibt es dann ausdrücklich nieder, daß das verflossene Halbjahr ihm sehr merkwürdig gewesen sei. — Sehr stark als Beweis heimlicher Verbundenheit wirkt auch später im italienischen Tagebuch die Sorge um die Anrede. Es war sein Plan gewesen, Charlotte darin „Sie" zu nennen, damit die Niederschrift „kommunikabel" wäre. Er fügt hinzu: „es ging aber nicht, es ist allein für Dich." Welch ein wundervolles Zeugnis zugleich, daß seine Gedanken immer noch ihre geistige Geleitschaft suchten! Da sich also sein Innerstes gegen das „Sie" sträubt, ermahnt er Charlotte, bei der Abschrift das Du abzuändern! Ihr eifriger, naher Verkehr war seit Jahren jedermann bekannt; im Weimar der letzten siebziger und ersten achtziger Jahre war die Luft so von neuen Geistesströmen durchbraust, daß ein Du zwischen Charlotte und Goethe kaum sehr aufregend auf die Umwelt gewirkt haben würde. Ich denke doch, wenn es nur das Du liebevoller Freundschaft gewesen wäre, würden sie es unbefangen haben hören lassen. Aber Liebende, die es in Stunden geheimer Vereinigung brauchten, trachten sich vorsichtig damit zu verbergen. —

Aber zurück zum Frühling 1781: in den Zeilen vom 31. Dezember 1780, die ein bedrücktes Gemüt verraten, sagt er: „Mein Tasso dauert mich selbst, er liegt auf dem Pult und sieht mich so freundlich an, aber wie will ich zureichen, ich muß auch alle meinen Weizen unter das Kommißbrot backen." Und am 25. März: „An Tasso wird heut schwerlich gedacht werden. Merken Sie aber nicht, wie die Liebe für

Ihren Dichter sorgt? Vor Monaten war mir die nächste Szene unmöglich, wie leicht wird sie mir jetzt aus dem Herzen fließen.“ Beidemal stellt er eine äußere Verhinderung an der Arbeit fest; aber wie verschieden ist die innerste Stimmung! Am 11. März schließt er mit dem Schwur: „Dein auf ewig.“ Am 22. folgt dem tiefbeglückten Bekenntnis: „Wir haben noch so keinen schönen Frühling zusammen erlebt“ (er kann im Zusammenhange nur den Frühling neuen Glückes meinen) sogleich der Wunsch: „möchte er keinen Herbst haben.“ Der Wissende spricht, dem die Tendenz der Liebe zum Sinken nicht verborgen ist — jener Liebe, die alles gab.

3

Wenn die Natur zwei Individuen, einen kräftigen Mann und ein der Mutterschaft fähiges weibliches Wesen, für die Zwecke der Gattung braucht, erfüllt sie sie mit Begierde zueinander, täuscht sie oft genug über die eigensten Glücksmöglichkeiten und führt sie, die einem unwiderstehlichen Zwange anheimgegeben sind, zusammen.

Die geheimnisvollen heiligen Zwecke der Fortpflanzung können diese beiden Liebenden nicht zur Umarmung gezwungen haben. Auch trieb den Mann nicht trotzig-beharrlich der Wunsch, verführerische blühende Frauenschönheit zu genießen. Welche Zauber auch aus Charlottens schönen Augen strahlten, welche bestrickende Anmut auch ihre Bewegungen und ihre Art, sich zu geben, haben mochten: sie war keine Frau, deren Körperlichkeiten beunruhigend auf den

Mann hinüberzuwirken vermochten. Unjung war sie, zart von Gesundheit und ohne jedes sinnliche Temperament. Eben dadurch aber, durch die fehlende geschlechtliche Elektrizität hat Charlotte sicherlich einen keuschen herben Reiz gehabt, wie es Frauen im Ausklang ihrer Jugend haben können, wenn die Sinnlichkeit in ihnen nie erweckt wurde. — Das Unerschlossene, das der Mann wittert, gibt der Frau einen Nachglanz von Jungfräulichkeit.

Die Urweise, die Ewigkluge, sie, die Gottheit Goethes, in deren Bezirken er, ein seherischer Forscher, sein ganzes langes Leben arbeitete, die Natur, sie verfolgte auch hier ihren Zweck, indem sie ihn umkehrte. Da sie die Interessen der Gattung hier nicht wahrnahm, diente sie den Notwendigkeiten eines einzigartigen, alles Menschliche in sich begreifenden Individuums. Sie steigerte sich über ihre Gesetze hinaus, zur Ausnahme. Es war ihr nicht um die körperliche Fruchtbarkeit, sondern um die geistige eines Auserlesenen zu tun. Aus zwingenden Ergänzungs- und Erziehungsnotwendigkeiten heraus bedurfte Goethe, der um mehrere Jahre Jüngere, der vollen Vereinigung mit der reiferen Frau. Wie sehr auch ein Mann und ein Weib sich innerhalb einer seelischen Beziehung einander annähern können — es bleiben immer unaufdeckbare Verborgenheiten, wo die geschlechtliche Verbindung fehlt. Welcher Aufmerksame hat nicht schon Fälle beobachten können, wo Liebende, die seit Jahren treu und voll Sehnsucht aufeinander warteten, nach endlich geschlossener Verbindung sich in Feindschaft gegeneinander auflehnten? Erst im engsten Bunde offenbarte sich, wer sie eigentlich seien. Die leidenschaftliche Bewegung und Beglückung im Natürlichen bringt gerade in der Frau ihr bisher selbst nicht bewußte Saiten ihres Wesens zum Erklingen. Soweit ein Mensch aus seiner letzten Einsamkeit heraus den anderen, ebenso von Einsamkeit Umhüllten überhaupt soll erkennen können, bedarf es dazu neben der seelischen Vereinigung auch der körperlichen. Freundschaft zwischen Mann und Frau ist vielleicht in der Entwicklung stecken gebliebene Liebe und hat daher nur bedingte Entfaltungs- und Fruchtmöglichkeiten; ausgenommen solche Fälle, wo die Frau schon die von Schopenhauer charakterisierte Heiterkeit des Alters besitzt.

Wie ein im Halbschatten Wandernder trachtet in den Bereich eines Lichtes zu kommen, das ihm die Gestalt des Weggenossen überhellt, damit er genauer weiß, wen er denn neben sich hat, um sicherer weiterschreiten zu können — so mußte Goethe noch deutlicher die Züge von Charlottens Wesen erforschen, als er es im geistig-herzlichen Verkehr vermochte. Das große Wunder im völligsten Menschen Goethe war ja, daß er immer das ihm gerade Notwendige durchlebte. Jetzt mußte er endlich nach so langem „Noviziat" auf die erreichbarste Stufe der Kenntnis Charlottens kommen. Und durch die Beruhigung, die der körperliche Besitz zunächst gewährt, fand er Freiheit und Fluß des Schaffens für sein Werk zurück. (Man hat ausgerechnet, daß die Arbeitsernte Goethes in den Jahren seiner Verbundenheit mit Charlotte gering gewesen sei. Aber wie kann man in diesen Dingen Zahlen und Verzeichnisse aufnehmen? Pflug und Saatkorn und das stille Wachsen fernen Ernten zu ist unaufhörliche, unabgrenzbare Bewegung. Wenn es wahr wäre, könnte man boshaft für die Zweifler an Charlottens Wert aus der Kargheit der Schöpfungen ein Zeugnis zu ihren Gunsten ziehen.

„Meine Dichterglut war sehr gering,
So lang' ich dem Guten entgegen ging;
Dagegen brannte sie lichterloh,
Wenn ich vor drohendem Übel floh."

Aber es ist nicht wahr. Das wissen wir ja und auch, welche Werke seine Mappen füllten, als er nach Italien ging. Werke unter Charlottens Augen, unter ihrer Teilnahme entstanden, von ihrer Persönlichkeit angeregt — sozusagen eingeatmet in ihrer Nähe; der Vollendung entgegenreifend.

Freilich haben in den ersten zehn Jahren in Weimar vielerlei andere Pflichten ihn oft vom Schreibtisch ferngehalten. War es doch die Zeit, wo er sich staatsmännisch in alle ihm neuen Aufgaben einzuarbeiten hatte; wo die ihm neue Geselligkeit, die höfische, Anpassungen forderte, die ihm nicht immer leicht wurden; Mühen, in denen er Charlottens glättende und führende Hand dankbar empfand.)

Charlotte bedurfte dieser letzten Hingabe gewiß nicht. Sie widersprach ihrer Art, ihrer Umwelt, ihrer Erziehung, ihrem Lebensgange, der Temperatur ihrer Organe. Sie brachte ein Opfer! Sie hätte eine dämonische Natur sein müssen, um es zu bringen mit dem Bewußtsein, ja nur voll Ahnung des Urgrundes von Goethes Verlangen. Sie brachte es aus weiblichem Gefühl, aus einem halbeingestandenen vielleicht: der Furcht, ihn sonst zu verlieren; ganz gewiß aber aus dem Grunde aller Gründe: aus großer Liebe!

Nach ihrem mühsamen Leben, das ihr niemals die Gärungen, den Übermut und die Unbesorgtheit der Jugend gegönnt hatte, war nun eine späte Blüte über sie gekommen. Der Erwecker dieser Blüte muß von ihr gerührt, bezaubert und erhoben gewesen sein — sieht doch der Mann sein Herrn- und Schöpfertum in so holdem Vorgang sich spiegeln. Dieser ihr neue Zustand, in den sie in den Jahren der Liebe hineingewachsen war — und sie liebte doch zum erstenmal —, hat sie mit dem Mut zu so unerhörter Tat beschwingt, die sie als eine für immer bindende, unwiderrufliche empfand. Die Empfindung des Sakramentalen solcher Tat ist auf seiten der Frau, der edlen Frau, der wahrhaft liebenden Frau eingeboren. Sie denkt gar nicht darüber nach; sie weiß von selbst: „auf ewig dein!" Charlotte wußte nicht, daß es mit der Liebe eines Genies sei wie mit dem Leben selbst: vom Augenblick, wo wir geboren werden, wachsen wir dem Tode zu; vom Augenblick, wo Liebe ihre letzte Erfüllung findet, beginnt ihr Ende. Aber er, der Mann, hatte schon im ersten Glück ein Wort der Furcht auf den Lippen: „Möchte er" (dieser noch nie so schön erlebte Frühling) „keinen Herbst haben." —

Charlotte muß in diesen ersten Jahren der Erfüllung nach langem Kampf unendlich glücklich gewesen sein. Dem Geliebten ein Opfer haben bringen zu dürfen, ist ein berauschendes, ein königliches Gefühl für ein zärtliches Herz. Und ihr Glück erkennt man aus der

Stimmung von Goethes Briefen in den folgenden Jahren; sie waren der Nachhall der Harmonie, die er in ihrem Besitz, in dem Zusammenleben mit ihr fand.

Wunderlich mutet uns die Zwanglosigkeit an, mit der das Steinsche Familienleben dieses beigeordnete Mitglied aufnahm. Wie überhaupt die Ehemänner der klassischen Zeit in ihrer Haltung vielfach Rätsel aufgeben. Charlotte durfte nun sogar, ohne daß der Vater Einwendungen erhob, ihren Sohn Fritz, den Kleinsten, der dreieinhalb Jahr alt gewesen war, als Goethe nach Weimar kam, dem Freunde ganz überlassen. Wir wissen auch, wie ernsthaft Goethe die Pflicht nahm, wie er Herders um Rat anging, wie gern er experimentelle Erziehung trieb. — Fritz betreffend gleich hier eine Einschaltung. Charlotte zeigte sich, vor allem gegen ihre Söhne Ernst und Karl, nur als kühle Mutter, so lange sie in jüngeren Jahren stand, und vor allem, während sie so überraschend mit sich selbst zu tun bekam. Das ist keine seltene Erscheinung bei Frauen, deren Gesundheit chronisch durch zu viel Geburten litt und die ihre Kinder von einem Manne empfing, mit dem wohl Einsicht und Herkommen, aber keinerlei Leidenschaft sie verband. Später stellte sich ihre Mütterlichkeit anders dar. Für jetzt aber — wie erklärlich! — war es nur Fritz, der ihr, ein wenig auch als Nesthäkchen, vor allem aber durch Goethes Teilnahme ans Herz wuchs: er wurde ihr seelisch des Geliebten Sohn. Daß sie die geistige und körperliche Pflege ihres Kindes ganz Goethe anvertraute, dem Junggesellen, dem auf diesem Gebiet praktisch nicht Erfahrenen, wenn auch eifrig Bemühten, wenn auch

Verfasser Wilhelm Meisters — das bleibt doch für jede mütterliche Frau eine erstaunliche Tatsache. Entweder war es der höchste Beweis ihrer Wertschätzung seiner, oder der glühende Wunsch, sich dem Geliebten selbst unaufhörlich nahe zu bringen, durch ihr Kind. Wir lesen denn auch oft genug, daß Goethe im Kinde die Geliebte küßte und zärtlich an sich drückte. Bei seinem beunruhigend-geheimnisvollen Verschwinden nach Italien ließ aber der Mann dies ihm ganz anheimgegebene Kind, an das ihn doch Pflichten banden, einfach bei dem Bedienten zurück! Wenn dieser Diener auch Seidel, der merkwürdig Intelligente und Zuverlässige, war.

Wie sehr wäre Charlotte berechtigt gewesen, gerade über diese Seite von Goethes Verhalten in Zorn zu geraten. Aber ihre fassungslose Verstörtheit war so groß, daß von dieser Nebentat, wenn ich mich so ausdrücken darf, gar kein Aufhebens gemacht wurde. Man muß sich dabei erinnern: Fritz war ihr bevorzugtes Kind, sein Aufenthalt im Hause des Geliebten gab Anlaß und Vorwand zu unaufhörlichem Verkehr. Darum mußte die Rücksichtslosigkeit, ihn zu verlassen, doppelt schwer angerechnet werden. Es gibt nur eine Empfindung, die so völlig die mütterliche überstimmen kann: die geschlechtliche, die fürchtet, für immer um ihre erworbenen Anrechte gebracht zu werden.

Steins — wo ist denn überhaupt die väterliche Teilnahme und Machtstellung in all diesen Sachen? — beeilten sich auch nicht zu sehr mit der Rücknahme Fritzens aus Goethes Haus. Jede andere Mutter hätte den halbwüchsigen Sohn sofort zu sich genommen.

Charlotte entschloß sich erst dazu, als das schweigende Ausbleiben des Freundes sie in peinigendste Sorge brachte.

Auch ihr Betragen nach dem Tode ihres armen zwanzigjährigen Sohnes Ernst ist verwunderlich. Lange war, nach unklaren Diagnosen, an ihm herumgepfuschert worden, wobei auch Goethe eingriff. Dann kam die ersehnte Erlösung, die auch die Mutter ihm nur wünschen konnte. Auf der Reise nach Karlsbad starb er Charlotten unter den Händen, und sie mußte ihn an Ort und Stelle, zu Wildental im Erzgebirge, begraben. Sie setzte dann die Reise fort; ihre Gesundheit war schlechter als je und bedurfte der Kur. Wir sehen sie aber im böhmischen Bade gleich inmitten des lebhaften Verkehrs — wenn auch zerquält und voll innerer Furcht vor neuen Leiden. Welches das neue Leiden sein würde, das sie vorausspürte, wissen wir wohl — auch daß es unabwendbar über sie hereinbrach. Und noch bis in den Dezember hinein fand sie keine Stimmung, ihrem Sohn Karl nach Mecklenburg die Todesnachricht zu schreiben!

Freilich waren es in jenen Zeiten die Familienmitglieder gewohnt, sich jahrelang nicht mehr zu sehen, selten auch brieflich voneinander zu hören, sobald große räumliche Entfernungen sich zwischen sie gelegt hatten. Schiller kehrte nur noch einmal in seine Heimat zurück. Und selbst der so viel beweglichere, für damalige Möglichkeiten weitgereiste Goethe hat seine Mutter die letzten elf Jahre vor ihrem Tode nicht mehr besucht. Ich glaube, all die überschwenglichen Freundschaften, die man damals seelisch so nötig hatte und mit so viel Hingabe pflegte, haben auch darin ihren

Grund, daß sie oft den Herd der Sippen und Magen ersetzen mußten. Dennoch aber bleibt es befremdlich, daß eine Mutter den Tod eines erwachsenen Sohnes dem anderen Sohn nicht sogleich meldet. Ihr Ernst starb ihr im Sommer 1787 — und Goethe war in Rom! Der Schmerz um seine Abwesenheit, in der sie ahnungsvoll trotz der herrlichen Berichte, die er ihr schrieb, die Tragödie des Abschlusses ihrer Epoche in seinem Leben vorausfühlen mußte, lähmte alle anderen Empfindungen in ihr. Wenn auch Charlotte kein Weibchen war, das sich leidenschaftlich und verzweifelt zwischen ihre Brut und alles, was sie schädigen oder rauben will, wirft (und in den meisten Müttern steckt solch elementares Weibchentum), ist es dennoch auffallend, wie nebensächlich ihr die Kinder sind.

Man hat aus späteren Lebensjahren Beweise genug, daß sie treu und selbstlos in ihrer Haltung zu ihren Söhnen war, auch opferfähig auf Kosten eigenen Behagens. So muß ich doch annehmen, daß in der Zeitspanne ihres Daseins, die von Goethe beherrscht wurde, vor allem aber in den Jahren von 1781 bis zum Bruch 1789, die Mutter in ihr von der Liebenden geradezu erdrückt ward. —

Nach dieser Einschaltung kehre ich zu dem unsterblichen Menschenpaar zurück. Ihre Zusammengehörigkeit hatten sie durch völligste Hingabe aneinander zu einem scheinbar unzerreißbaren Bund geweiht. Bei ihrem Glücke zu verweilen und die Einwirkungen auf Goethes Schaffen zu zergliedern, ist außerhalb des Rahmens dieser Studie. Sie will sich vor allem mit dem Nachhall der Trennung beschäftigen.

4

Wenn ein Genie wäre wie eine Bienenkönigin, der ein einziger Hochzeitsflug genügt, um ihrem Volke eine weitere Generation der Blüte zu sichern, lägen die Dinge sehr einfach. Man hätte sich nur mit *einem* Phänomen zu beschäftigen. Es ist aber ein Wundergebilde, an das sich immer neue Substanzen herankristallisieren und das demnach in seinen Strahlenbrechungen sich fortwährend verändert. Und es hat die merkwürdigen Eigenschaften der hemimorphischen Kristalle, die durch Erwärmen polar-elektrisch werden, ihre Ströme teilend, die neue Kraftaufspeicherungen bilden. Goethe mußte — welche selbstverständliche Notwendigkeit — das Weib in seiner Ganzheit erforschen; in einem Weibe ist sie niemals völlig zu erkennen — es hätte denn eines sein müssen von Goethes eigenem Rang: dem der Totalität allen Menschentums zusammengefaßt in einem Individuum. Solch ein weibliches Wesen hat die Natur aber noch nicht hervorgebracht. Goethes Anlagen zur Treue sind deutlich. Voll Dankbarkeit und Großmut gab er dem Abebben einer Liebe nicht rasch, nicht leichten Herzens nach. Man darf aber nicht übersehen, daß diese Anlage mit der Unfähigkeit zu raschen und starken Entschlüssen, im Lösen wie im Binden, verbunden war. Das zeigte sich wie in der Art der Entfernung von Charlotte, so in seinem Verhalten gegen Christiane, die er in seinem Herzen als sein Eheweib hochhielt, während er ihr erst nach achtzehn Jahren des Zusammenlebens die rechtmäßige Stellung gab. Kraftvolle Entschlüsse mit Begleiterscheinungen und Folgen auch äußerlicher Veränderungen sind überdies für geistige Arbeiter, deren Lebensbedingung Unberührtheit ihrer vollkommenen Sammlung auf ihr Werk ist, etwas Bedrohliches. Die Selbstsucht des Genies weicht ihnen aus. Und wiederum ist es berechtigte Forderung des Genies, in neuen Zonen andere Luft zu atmen. Der Widerstreit dieser beiden Wünschbarkeiten war auch für Goethe qualvoll; an den Leiden langsamen Absterbens und schwer ringender Willenserklärung trug er mühsam, vor allem rückblickend, wenn die Objektivierung kam.

Jahrelang war er, der ewig Werdende, an die Beharrende angeschlossen gewesen; er, der Sohn der freien Reichsstadt, an die höfisch Abgeschliffene, der Ungestüme an die Maßvolle, der Tastende an die Strenglinige, der Schweifende an die Sicherstehende. Und der geistig Schöpferische an die körperlich Fruchtbare. Denn ich kann mich — erschauernd — der Vorstellung nicht erschließen, daß er sich den Geheimnissen der Mutterschaft und der Entwicklung alles Lebendigen näherte, in der Innigkeit mit einer Frau, die ihm, vielleicht ohne sich dessen selbst bewußt zu sein, Offenbarungen geben konnte, ihm, dem leidenschaftlich immer der Natur Nachspürenden ... der vielleicht in die Erfahrungen einer hineinhorchte, die wußte, was Werden ist ...

Diese Dinge sind von einer solchen Tiefe und Verborgenheit, daß Worte nicht das ausreichende Mittel geben können, auf ihre Spuren zu leiten. Da muß das ahnungsvolle Gemüt sich vorwagen.

Charlottens Güte hatte er geliebt und ihre Reife, ihren Verstand, er, der später so köstlich zu Eckermann aussprach, was der Mann an einem jungen Frauenzimmer liebe — eben alles ganz andere Dinge, als die waren, die sie zu geben hatte. Und über das hinaus, was sie ihm wirklich gab, hat er, im Bedürfnis aller Liebe, ihren Gegenstand über seine eigentliche Stufe zu erhöhen, manches in sie hineingetragen. Ich glaube, man kann den Satz wagen: im Augenblick, wo Liebe in das Geliebte nichts mehr hineinzutragen hat, ist sie ausgelebt.

Von der höfischen Edeldame, von der alternden, höchst kultivierten Frau mußte sich Goethe zur natürlichen Jugend wenden. Das konnte gar nicht anders sein. Vier Wochen nach seiner Rückkehr aus Italien war Christiane Vulpius seine Geliebte.

Um das duldsam zu begreifen, hätte Charlotte eine Dirnennatur sein müssen, oder eine dämonische. Sie war aber keines von beiden. Sie verstand nichts von dem, vielen Individualitäten eingeborenen Bedürfnis zum Genuß im Wechsel, das die Dirnennatur anerkennt, weil sie es selbst hat. Diese Entschuldigung (die ja nur eine mißverständliche, ihn erniedrigende gewesen wäre) konnte sie also nicht aufbringen. Für das tiefste Verstehen oder Heranfühlen fehlten ihr die seelischen Vorbedingungen, das Kongeniale. Sie erkannte nicht, daß es für Goethes Wesen eine unbedingte Notwendigkeit sei, sich aus immer neuen Quellen zu speisen. Er hörte tausend Töne in sich und suchte für jeden, der aufklang, ein Echo — aus dem unterbewußten Gefühl heraus, daß Ausbleiben des Echos ungeheuerlichste Einsamkeit bedeutet. Wie konnte Charlotte solche nie ruhende Fülle von Schwingungen ahnen! Wie sollte ihr, die sich in gar nichts verändert hatte — außer im Körperlichen! — die Einsicht kommen, sie sei nicht mehr erweckend, überraschend, nicht mehr die nötige Helferin und Leiterin? Sie wäre die erste Frau gewesen, die ohne sich zu wehren begriffen hätte, daß die Blüte im anderen Herzen, das mit dem ihren den gleichen Frühling erlebte, abgewelkt sei. Sie hatte das anspruchsvolle Hochgefühl jener, die zum ersten und zum einzigsten Mal lieben! Die Herzen mit der einzigen großen Liebe sind vielleicht erhaben; vielleicht ist ihnen eine gewisse Unbeweglichkeit und ein steriles Beharrungsvermögen zu eigen. Einer, der viel später kam, sang ein herrliches Lied: „Geübtes Herz". Wie es damit nun auch von Natur aus um Charlotte bestellt sein mochte: vor Goethe hatte niemand ihr Herz in große Bewegung gesetzt, und als Gram und Zorn der Trennung verrauscht waren, stand sie im Matronenalter.

Wie immer und überall erfahren die zunächst Beteiligten das für ihr Leben Schicksalsschwere später, als es schon die Klatschweiber an den Straßenecken sich zuraunen. Am 1. Juli 1788 sah Goethe Christiane, als sie im Park von Weimar an ihn herantrat, um ihm eine Bittschrift zu überreichen. Schon am 12. Juli wurde sie sein eigen. Aber erst im Vorfrühling des folgenden Jahres erfuhr Charlotte von dem Verhältnis. —

Um einige, der Möglichkeit von Mißverständnissen vorbeugende Worte zur Person und Stellung Christianens zu sagen: ganz gewiß konnte der rasch und leidenschaftlich erfaßte Goethe sich im Beginn dieser Verbindung über den ethischen Wert des Mädchens täuschen — eben so lange die erste Begierde flammte. Christiane prangte in der vollerblühten, frischen Schönheit, der Jugend ihrer dreiundzwanzig Jahre; von südländischer Färbung war die ganze Erscheinung und mußte schon deshalb auf den vor Sehnsucht nach Italien fast Kranken hinreißend wirken. Er befand sich in der furchtbarsten Einsamkeit, eine ganze, neue, ungeheure Welt in seinem Innern tragend, die sich niemand seines Kreises, auch Charlotte nicht, verständnisvoll nach Teilhaben verlangend von ihm erschließen lassen wollte. Da drückte er die Natürliche an sein Herz — sie, von deren Verständnis er noch gar nichts zu fordern hatte noch zu fordern dachte. Er rettete sich hinweg aus dem Jammer der Einsamkeit zwischen feindselig Ablehnenden, zur köstlichsten Ruhe — wie ein Verzweifelter, der sich in die Stille des Waldes flüchtet, weil die Stimmen um ihn nicht mehr seine Sprache sprechen.

Aber das Verhältnis dauerte fort über die Zeit erster Freude. Daß es Dauer hatte, beweist uns seine Notwendigkeit für Goethe und zwingt, sich abermals an ihn, als den Durchschauenden, den Erkenner, den Beobachter, zu erinnern. Er hat also in Christiane gerade ihm wichtige und dienliche Eigenschaften gefunden; seine Liebe lebte, solange ihr Gegenstand lebte. Das muß uns genug sein, Christianens dankbar zu gedenken, ungeachtet der Schwächen, die sich als peinliche Nebenerscheinungen auch ihres Wesens im Alter offenbarten. Gerade ihr gegenüber darf man an eines der herrlichsten Worte Goethes denken:

„Alle menschliche Gebrechen
Sühnet reine Menschlichkeit."

Sie war keineswegs nur der „Bettschatz", als welchen Goethes Mutter sie, übrigens in freundlicher Gesinnung, einmal bezeichnet. Sie versuchte mit immer besser erwachendem Verständnis in seine Geisteswelt einzudringen; er unterrichtete sie von seinen im Entstehen begriffenen Dichtungen. Sie wußte der Häuslichkeit eine solche Luft des Behagens zu geben, daß Goethe geradezu diese Tatsache als seinem Schaffen förderlich erwähnt. Seine Sachen, Kleider, Haus, Vermögen und Bücher, hielt sie in bester Ordnung; er brauchte sich nicht am geringen Objekt zu stoßen und spürte jede Art von Erleichterung durch ihr Walten. Noch nach Jahren dieser Ehe „ohne Zeremonie" schreibt er Christiane Briefe voll Leidenschaft. Und Goethes Mutter hat sie ein „liebes, herrliches, unverdorbenes Gottesgeschöpf" genannt! Ein Urteil, das in seiner Kürze und Einfachheit erhellender ist, als es jeder andere Versuch zur Durchleuchtung dieser urwüchsigen Gestalt sein kann. — Ich muß hier von Charlotte aus sprechen und sehen, wie *sie* sah, *ihre* Empfindungen verstehen; mein eigenes Urteil über Christiane hat damit nichts zu tun. Mir liegt daran, dies zu betonen, weil die schiefe Stellung Christianens vor ihrer Umwelt und Nachwelt, wenn auch in der Grundlage auf Goethe selbst zurückzuführen, ihr zumeist von Frauenhänden gegeben ist, die sie am liebsten aus seiner Nähe fortgestoßen hätten. (Es ist, als ob Frauen der Wert ihrer angeborenen und errungenen gesellschaftlichen Stellung und Bildung plötzlich unsicher würde, wenn sie erleben müssen, daß ein Vielbegehrter, Erlesener ein Naturkind aus dem Volke ihnen allen vorzieht. Männer hingegen finden in solcher Wahl ein Zeugnis von Mut, Freiheit und dem Vorrang des Geschlechtlichen vor dem Geistigen. Die einen sind dabei im Recht der konventionellen Schicklichkeit, die anderen im Recht der Gattung.) —

Wie war nun Charlottens Lage und Zustand, als die Wendung in ihrem Verhältnis eintrat? Einiges wird über das Körperliche, mancherlei über das Seelische zu sagen sein.

5

Die früh erschöpfte, von je unjung gewesene, viel kränkelnde Charlotte war fast an der Grenze ihrer Jugend durch die Liebe eines Unvergleichlichen noch in den Glanz gekommen, der ihr ein Nachblühen schenkte. Nach mehrjährigem Ringen mit ihm, der sie ganz zu besitzen wünschte, gab sie sich ihm. Und er nennt sie, mit diesem Worte das unanfechtbarste Zeugnis für das Geschehene ablegend, in voller, dankbarer Glückseligkeit:

meine n e u e.

Neugeboren durch die Liebe. Neu vielleicht durch das endliche Erwachen der Sinnlichkeit? Hier ist eine Schwelle, vor der man haltmachen muß. Nur Charlottens Briefe hätten darüber Aufschlüsse geben können, und sie hat sie vernichtet. Die Franzosen haben ein

Wort — ich weiß im Augenblick nicht, ob Stendhal, Balzac oder Flaubert es aussprach —, daß erst der zweite Mann in der Frau die geschlechtliche Genußfähigkeit weckt. — Wir werden nie erfahren, ob Charlotte in Goethes Armen zur völligsten Weibheit erwachte. Aber daß der seelisch-erotische Bund sich für sie zu einem auch geschlechtlich-erotischen vervollkommnete, erweist ihre Verzweiflung, als ihr Leben sich wieder in den früheren Zustand zurückverwandeln sollte. Auch ohne briefliche Offenbarungen und ohne geheimstes Wissen bleibt offen erkennbar dies: sie fühlte sich in einem Daseinsreichtum, wie die früheren Zeitspannen ihres Lebens ihr nie gegeben; sie war jung geworden! Und nun sollte ihr zugleich mit dem Geliebten diese Jugend wieder entrissen werden — für immer! Denn sie stand da, wo die Pfade des Lebens abwärts führen, in die stillen Täler der Entsagung. Ging die Sonne seiner vollen Liebe ihr unter, war es für sie der Sonnenuntergang überhaupt! Wenn die natürliche Jugend um ein Glück beraubt wird, ist in der Kraft des Jammers schon die Kraft zu neuer Zukunft verborgen. Die blassen Hände der Frauen aber, die erst im Abendschein zum erstenmal die Blume der Jugend brechen durften, bleiben für immer leer, wenn der Mann sie ihnen nimmt. So mußte wohl eine tödliche Angst Charlottens ganzes Wesen erzittern lassen, als ihr der Verlust des Geliebten bestätigt ward — der Verlust, den sie seit der Flucht nach Italien sich vorbereiten gefühlt.

Seit dem Tag, wo sie Anfang Januar 1776 sein erstes kleines Briefchen erhalten hatte, bis zum Bruch im Sommer 1789 waren dreizehn Jahre verflossen. Charlotte war aus einer Frau, die in ihrer ersten, spät über sie gekommenen Liebe ein ganz neues Stück Leben begann, eine geworden, die nun in ihr Klimakterium getreten war! Sie war siebenundvierzig Jahre alt. Ist diese ganz einfache Feststellung schon irgendwo gemacht und bedacht worden? Und diese Tatsache ist doch von der allergrößten Wichtigkeit für die Beurteilung ihres Betragens!

Jeder Arzt und jede gut beobachtende und mitleidsvolle Frau weiß, daß die Jahre zwischen vierzig und fünfzig mühselig zu ertragen sind und daß eigentlich kein Organ unempfindlich gegen den Hinüberwechsel vom Lebenshochsommer zum Herbst bleibt. Es ist gerade, als wandere ein geheimnisvoller Stoff im Körper herum und mache „Herz und Nieren" matt und lege ganz sacht Keime der Stumpfheit und Mutlosigkeit bald in das eine Organ, bald in das andere. Das Blut fließt nicht gelassen, die Nerven sind bebende, übermäßig gespannte oder völlig schlaffe Fäden; man ist nicht krank und hat doch das Gefühl, als ob Gesundheit und Kraft Ströme seien, die fernab in besonnter Weite brausen, wohin man nie mehr kommt. Der Aufschwung fehlt, und jeder Tag bedeutet einen neuen Kampf um das bißchen Energie, mit dem man den Anforderungen des Lebens zu begegnen hat. Man ist von einer qualvollen Hellhörigkeit für alle Untertöne — und vernimmt nur solche der Traurigkeit. Und steht vor der Frage: woher diese Traurigkeit? und warum sie für mich? Die Gegenstandslosigkeit der schwergedrückten Stimmung erträgt sich am härtesten; denn was man laut zu benennen vermag, steht auf Anruf, während das Nebelhaft-Unklare beängstigt, weil man ihm keine Deutung geben kann. Das Ende des Weibdaseins ist nahe. Und noch ist die köstliche Höhe freien Menschentums nicht erklommen, auf der die Frau, nach Überwindung des Klimakteriums, inne wird, daß nun erst das Glück, Mensch zu sein, an die selige Unbefangenheit der Kindheit wieder anknüpft. Wie die Natur, die für alles, was sich zwischen Himmel und Erde begibt, Symbole schafft, noch einmal im Herbst auf den Feldern Frühlingsblumen aufblühen läßt. — Die drückenden Lasten solcher Jahre kann ein Mann, falls er nicht gerade ein psychologisch sehr begabter Frauenarzt ist, nie ermessen. Und deshalb kann er auch die Worte und Taten einer Frau, die in diesem schwierigen Lebensabschnitt steht, nie ganz richtig einschätzen. Das Bürgerliche Gesetzbuch kennt bei Verbrechen der Halbwüchsigen die Pubertät als Milderungsgrund, und ein gerechter Richter würde auch bei Halbwelkenden, die im Klimakterium stehen, Gründe zur Nachsicht entdecken, wenn sie unbegreiflich handeln. Manche Beurteiler Charlottens sind aber jeder Milde bar gewesen; die literarischen Gerichtshöfe haben eben keine Frauen als Schöffen oder Beisitzer hinzugezogen.

Gerade in diesen qualvollen Jahren war Charlotte in ihrem Familienleben von sehr bekümmerlichen Erscheinungen bedrängt. Sie mußte auf das stärkste mit sich beschäftigt sein, und die Prüfungen, die an sie herankamen, ließen ihr kaum die Sammlung, über sich nachzudenken. Es gibt Zeiten und Zustände im Leben der Frau, wo ihr die Betrachtung ihrer selbst ein ebenso notwendiges und ihr zuzubilligendes Recht ist wie dem Schaffenden die Sammlung für sein Werk. Nun läßt ja der Zuschnitt des Frauendaseins innerhalb der Familie ihr selten die Muße, sich mit sich selbst auseinanderzusetzen. Sie ist zumeist mehr in die Fortdauer von Gärungen hineingestoßen als zur Möglichkeit der Klärung geführt. Charlotte, durch Veranlagung von der Mutter her, durch Erziehung von der gleichen Seite durchaus Pessimistin, konnte jetzt wirklich an ihrem Horizont nur graues Gewölk vor grauem Hintergrund sehen. Sie hatte einen kränkelnden Mann und einen unheilbar dem Tode zusiechenden Sohn. Der Freiherr von Stein mag an Arterienverkalkungen gelitten haben, ist auch vielleicht Paralytiker gewesen, und jedenfalls war er apoplektisch. Nach seinem Tode fand der Arzt in seinem Gehirn, das geöffnet ward, einen Knochensplitter. Es muß dahingestellt bleiben, wie es eigentlich mit Steins Leiden sich verhielt.

Klar sind die Krankheitsbilder selten, die uns aus früheren Zeiten überliefert werden. Und wenn man zum Beispiel liest, wie Kanzler Müller vom Blute des alten Goethe, dem zur Ader gelassen war, einmal erzählt, es habe „alle Zeichen der höchsten Entzündung" gehabt, so lächelt man unwillkürlich. Josias von Steins Siechtum zeigte sich vor allen Dingen im Kopf. Er war von Schwindelanfällen heimgesucht, von schmerzlichem Druck und Unklarheiten, und der arme Mann muß sehr gelitten haben. In Weimar sprach man offenbar gelegentlich schon von Geisteskrankheit. Der leicht unfreundlicher Berichterstattung beflissene Schiller schrieb am 5. Juli 1788 an Körner über Stein — ohne den gütigen Mann, der keinem Menschen übel wollte, näher zu kennen: „Den Gemahl der Frau von Stein wirst Du antreffen (in Karlsbad), aber gar wenig Dich an ihm erbauen. Er ist ein leeres Geschöpf, ein Kopfhänger dabei, und sein Verstand ist in täglicher Gefahr. Er ist glaub' ich schon einmal drum gewesen, und wahrscheinlich wird er es wieder."

Obgleich man Schillers Urteil, daß Stein ein „leeres Geschöpf" sei, sehr zugunsten Charlottens ausdeuten und Schlüsse auf die ihr vom Geschick zuerteilten Geistes- und Herzensentbehrungen daraus ziehen könnte, muß man das bei diesem Anlaß und in dieser Form Gegebene doch zurückweisen.

Charlotte hatte es schwer durch die Ansprüche, die der leidende Mann und der siechende Sohn an sie stellten. Und in einem Augenblick, wo sie selbst der zartesten Schonung und unendlicher Pflege bedurft hätte, um ihrem armen Frauenkörper ein wenig die schweren Rückbildungen zu erleichtern, mögen oft genug all ihre Eigenrechte grausam durchkreuzt worden sein.

Aber man nimmt nirgendwo ein Jammern wahr. Sie ertrug den Zustand des Gatten voll Geduld, und nur viel später kann man aus einer Frage der Herzogin Luise: ob Stein sie auch quäle, schließen, daß der Kopfkranke es seiner Frau nicht leicht machte. Desto edler mutet dieses ihr stolzes Unterlassen jeder Klage an. Zu schweigen über Pflichterfüllung und Selbstaufopferung, war ihre Art. Man erinnere sich ihrer wundervollen Haltung in den mühseligen Jahren nach der Franzosenzeit. Um zu sparen, entließ die dann schon Dreiundsiebzigjährige ihre Köchin, und es waren Ausgaben für ihren Sohn Fritz, die sie in solche Enge gebracht. Er hatte von dieser ihrer Opfertat gar nichts geahnt; die kriegerischen Verhältnisse hinderten ihn, fällige Zinsen zu zahlen, die Mutter in ihrem strengen Ehr- und Ordnungsgefühl trat hinter seinem Rücken für ihn ein. Sie verbarg auch ihrem Sohne Karl ihre knappe Lage. — Und diese Frau, die aus einem herben Gerechtigkeits- und Ehrlichkeitsgefühl heraus zu handeln und zu dulden wußte, sehen wir in der Zeit, wo ihr Herz schon um Goethe zu bangen begann, ungleichmäßig und unsicher in ihrem Verhalten gegen den seinem Untergang zuschleichenden Sohn Ernst. Sie war eben in einer Lage, wo sie weder zu ihrem eigenen Recht kommen noch anderen ungeschmälert geben konnte, was sie von ihr zu fordern hatten. Ihre beunruhigte Seele ward hin und her gerissen.

Ihr Sohn Ernst sollte an „Knochenfraß" leiden, ein Übel, für das die heutige Heilkunde genauere und anders lautende Bezeichnungen hat. Er wurde an einem Fuß operiert, sollte es auch am anderen werden; die Ärzte wußten wenig Rat. Goethe zeigte liebevoll Bemühungen für den jungen Dulder, wünschte, daß die Mutter ihn mit nach Karlsbad nehme, wozu sie sich nicht entschließen konnte, holte den Rat Starckes, eines als tüchtig anerkannten Arztes in Jena, ein, riet zum Gebrauch eines „Magensaftes", von dessen Wirkung er gehört hatte — kurz, bewährte sich am Schmerzenslager Ernsts als treuer Freund des Hauses Stein, als sein freiwilliges Familienmitglied. —

Nun mache man sich die Stimmung klar, die um

Charlotte gewesen sein muß! Sie an den körperlichen Lasten der Wechseljahre schleppend; der Mann in den Anfängen eines schweren Leidens; der Sohn von rasenden Schmerzen gefoltert, dem Grabe bestimmt, das die Mutter selbst ihm als Erlösung wünschen mußte. Welche Dumpfheit! Ein freies Atmen war da nicht denkbar. Krankenstubenluft drang in alle Poren und hemmte Schwung und anmutigen Schein des Wesens.

Ganz wie von selbst, den Gesetzen der Natur gemäß, fangen hier die Grenzen an, sich zu verwischen. Man weiß nicht mehr, ob man von rein körperlichen oder von nur seelischen Brüchigkeiten und Wandlungen spricht. Daß die Frau, Sklavin der Unberechenbarkeiten ihrer Zustände, nicht die schöne Ausgeglichenheit der vornehmen Fraulichkeit zeigen konnte, die ihr sonst eigen gewesen, die der Freund an ihr in den Jahren der Innigkeit geliebt, darf man als sicher annehmen. Dies Glück schwebte nicht mehr mit glänzenden Fittichen im Sonnenlicht. Seine Zeit war erfüllt. Die körperliche Vereinigung mit Charlotte, immer nur als geheimnisvoll von transzendentalen Notwendigkeiten bestimmte, letztmögliche Annäherung eines schöpferischen Genius an die Wesenheit einer ihm, für eine Zeit, Ergänzung bedeutenden Weibpersönlichkeit zu denken — sie war nun keine Forderung mehr. Der Mann fühlte sich nach der früheren Form der Beziehung, der ausschließlich seelischen Nähe zurück; die Frau spürte nur, daß ihr der Geliebte entschwand. Für das Abfluten einer Liebe hat die Frau eine ganz besondere Hellhörigkeit. Sie horcht dem leisesten Ton an, wenn seine Schallwellen andere Rundung und andere Richtung nehmen; die unmerkliche Stille schon, diese Sekunde des Verharrens, ehe der Wechsel der Gezeiten eintritt, ist ihr wahrnehmbar und bedrohlich; sie weiß: die Ebbe kommt.

Und nun, inmitten all der medizinischen Dünste, von denen Charlotte umnebelt war, sah sie irgend etwas Schreckhaftes auf sich zukommen. Goethe zwar pflegte Pläne zu beschweigen; daß er jetzt zu ganz besonders großen Dingen in seinem Innern nach Entschlüssen suchte, konnte ihr unmöglich entgehen.

Sommertage kamen und schenkten freundliche Stimmungen, die die letzten Unfrohheiten von Weimar vielleicht ein wenig vergessen ließen. Noch einmal waren Charlotte und Goethe in Karlsbad zusammen. Von Ende Juli bis Mitte August. Während dieser Zeit sprach er wohl davon, daß er noch eine Reise vorhabe, aber ihr Ziel und ihre Dauer umhüllte er mit Schweigen. Charlotte muß sich da gedacht haben, daß es sich um keine Reise von sehr langer Ausdehnung handeln könne, sonst wäre sie nachher nicht so auf das schwerste betroffen gewesen, als Woche auf Woche verstrich, ohne daß Nachricht von ihm kam. Ritterlich hatte er sich beim Auseinandergehen gehalten. Er geleitete sie, als sie am 14. August 1786 von Karlsbad abreiste, noch bis Schneeberg. Kaum war sie fort, schickte er ihr schon am 16. einen liebevollen Brief nach, worin er erzählte, daß ihm etwas gefehlt habe, als er beim Einfahren in die Grube ihren Ring von seinem Finger gelassen; so sei's ihm auch, wenn ihre Gesellschaft ihm fehle, denn er habe ihr immer etwas zu sagen. Er kehrte nach Karlsbad zurück und schrieb ihr vom 20. August bis zum 2. September noch sechs Briefe! Am 1. September kam er noch auf die gemeinsame Fahrt nach Schneeberg zurück, die ihn recht glücklich gemacht habe; und ihre Versicherung, daß ihr wieder Freude zu seiner Liebe aufgehe, könne ihm ganz allein Freude ins Leben bringen. Der Brief vom 2. September strömte von Herzlichkeit über und ist auch wieder noch ein Zeugnis dafür, daß es zwischen den Liebenden Heimlichkeiten gab. Denn er empfahl Charlotten, Paket oder Rolle, die ihr von ihm zukommen würde, nicht in Gegenwart anderer aufzumachen, sondern sich damit in ihr Kämmerlein zu verschließen! Und in der Nachschrift wallte noch einmal alle Zärtlichkeit der schönen Tage auf: „Leb wohl, Du süßes Herz! ich bin Dein."

Nichts verriet ihr, kein Wort, wohin denn seine Fahrt gehe. Offenbar hat Charlotte nicht danach gefragt, denn in diesen Briefen aus Karlsbad klingt nie ein Ton der Abwehr oder des Ausweichens auf. Er verheißt ihr, daß sie Ende September Zeichnungen von ihm empfangen und dann erfahren werde, wohin sie schreiben könne; er deutet auch an, daß er „länger außenbleibe", was sie niemanden merken lassen soll. Wie gut hatte demnach Charlotte sich in der Hand, wie war sie bescheiden in ihrem Anspruch an ihn! Von hundert Frauen hätten nicht achtzig den Freund ziehen lassen, ohne in ihn zu dringen: wohin? auf wie lange? Daß dies „länger außenbleiben" aber eine Trennung von fast zwei Jahren umspanne, hatte sie nicht ahnen können. Es ist ergreifend, wie Goethe, unter dem Bewußtsein des Vorhabenden, für seine Liebe volle, warme Töne findet. Er wollte das seelische Band ja auch gar nicht lockern. Er m u ß t e in eine neue Welt hinüber sich retten und lebte in dem Wahn, die Gefährtin seiner wichtigen letzten zehn Jahre in die geistige Luft dieser neuen Welt mit hinübernehmen zu können.

6

Nun war wieder einmal in dem urewigen Drama zwischen Mann und Weib jeder Teil in seinem Recht. Goethe so unbedingt und heiligsten Geboten folgend in dem seinen, daß das Charlottens fernab davon im Schatten steht. Aber darum bestand es nicht minder!

Er, dem sie seit zehn Jahren die Nächste im Leben gewesen, stellte sie nicht nur gehässiger Schadenfreude als Gegenstand hin, reizte nicht nur das Erstaunen selbst der Wohlwollenden, sondern fügte ihr die bitterlichste Kränkung zu, da er verschwand: unbekannt wohin! Damals schlug schon aller Gram des Verlustes auf sie ein; sie ging durch das Vorspiel der künftigen Trennung. Man weiß, daß seine Briefe und Tagebücher später, als er gewünscht, zu ihr kamen, nämlich erst im Dezember, und wenn sich dann die vulkanischen Spalten im Fundament ihrer Beziehung auch wieder schlossen: Charlotte hatte den Schmerz doch schon erlitten. Als Seidel, sein Diener, Briefe aus Weimar einsammelte, sie seinem Herrn nachzusenden, fand sie, aus zornigem Herzen und gewiß mit zitternder Hand schreibend, nur wenige Worte, die sie ihm zu senden wünschte: sie bedeuteten den Bruch! Sie erklärte, keine Briefe mehr mit ihm wechseln zu wollen, und forderte die ihrigen zurück! Mir scheint, das wäre zu viel des Zornes einem Seelenfreunde gegenüber; wenn man sich aber vorstellt, daß sie sich im geheimen als sein Weib, ganz und gar sein eigen fühlte, so muß man ihr das Recht auf diese Erregung zubilligen. — Wo solche Bitterkeiten einmal gesagt und empfunden worden sind, bleiben doch Narben. Goethes Antwort finde ich wundervoll. Die Nachsicht und Güte darin war zum Teil vom Schuldbewußtsein gespeist. Aber man fühlt so klar: er wollte gewiß nicht mit ihr brechen! Und wie konnte er sie über den Verbleib ihrer Briefe beruhigen: sie lagerten in verschlossenem Kasten im fürstlichen Archiv! Ein abermaliger Beweis, wie geheim der Inhalt dieser Briefe zu halten war, welchen sorgfältigen Schutz sie zu fordern hatten! Obwohl alle Welt Goethe als Charlottens vertrautesten Freund kannte! So sprachen sie also von Dingen, die die Welt denn doch nicht erfahren sollte ...

Aus dieser außerordentlichen Form der Aufbewahrung muß man doch auch schließen, daß Charlotte in ihren Briefen weiterging, unverhüllter sprach als Goethe in den seinen an sie gerichteten. Sie schrieb an den einsam hausenden Junggesellen, der ungefährdet jede Art von Boten und Post empfangen konnte. Er sandte seine Zeilen an eines anderen Mannes Gattin und mußte immer damit rechnen, daß Stein einmal ein solches Blatt sähe.

Männer, ob sie nun mit dem Haupt in Unsterblichkeit hineinragen oder ob sie als bescheidene Erdgeborene ihre Stellung zur liebenden und geliebten Frau im

Gleichgewicht der Rechte zu halten suchen, machen immer wieder den einen Fehler, der die Frau gerade am tiefsten verletzt: sie gönnen ihr kein Vertrauen, glauben aus Schonung, weil sie dem Wissen nicht gewachsen sein würde, oder aus Scheu vor wortreichen Auseinandersetzungen ihr wichtige Vorhaben oder Taten verschweigen zu müssen. Während doch das Geschenk des Vertrauens die Frau zu starker, würdiger Haltung aufruft. Die Trennung hätte Charlotte gewiß in Ruhe ertragen, beglückt durch den Gedanken, daß der geliebte Mann eine reiche Zeit genießen könne. Was gönnt Liebe des Weibes nicht alles dem Geliebten! Und solche Stimmung hätte ihr Gemüt auch anders vorbereitet, und es wäre dann seiner Rückkehr etwas gewachsener gewesen.

Aber durch den Mangel an Vertrauen kränkte er sie unerhört. Nach so langjährigem Verbundensein war dies wie ein Schlag in ihr Gesicht. Sie wird, sie kann einige Wochen gar keine andere Auffassung gehabt haben, als daß er *ihr* entfliehen wolle. (Daß es im allertiefsten Sinne auch so war, so sein mußte, wußte er selbst nicht; wie sie wiederum nichts von Art und Zwang so unbewußter Wege, die nicht allein von ihrer geheimen Zusammengehörigkeit, sondern von seiner ganzen bisherigen Stimmungswelt fortführten, ahnen konnte.)

Auch die Dame in ihr, die auf gute Formen hielt, war sicher beleidigt. Wie sollte sie es nicht sein! Sie war in manchem Betracht seine Erzieherin gewesen. Die Frau, die in größerer Lebensreife steht als der geliebte Mann, wird ja niemals ganz ohne Kritik lieben. Und Goethe suchte doch auch gerade bei Charlotte das Unterweisende, Helfende. Ihm war die Gabe versagt, sich gewandt in gesellschaftliche Anforderungen zu finden. Die ungeheure Welt, die in ihm lebte, behinderte ihn am glatten Ausschreiten. Und doch hatte er den Wunsch, doch erkannte er die Wichtigkeit, die Form zu beherrschen. Er fühlte sehr wohl, daß es einem Großen und Bedeutenden nicht ansteht, sich in irgend einer Lage von einem bloß äußerlich geschliffenen Hinz oder Kunz durch dessen sicheres Benehmen in Nachteil bringen zu lassen. Von der geliebten Frau hatte er die ihm in seiner Stellung und dem höfischen Kreise, darin er sich bewegte, doppelt nötige „arme Kunst, sich künstlich zu betragen" lernen wollen und auch gelernt (bis auf die Selbstüberwindung, leere Gespräche führen zu können — lieber verfiel er in Schweigen, das dann die anderen drückte). Nun erkannte sie, daß er wohl äußerlich „sich künstlich zu betragen" gelernt habe, daß der Weltmann von höfischer Angepaßtheit aber nur ein Gewand geblieben sei. Darunter lebte, undurchdringlich und bedrohlich, ein Eigener, der sich nicht umformen ließ und sich seiner geheimsten, letzten Freiheit nicht entäußerte.

Gewiß, schwerer noch als die Trennung selbst muß es ihr gewesen sein, daß sie nichts von der italienischen Reise gewußt hatte. Eingeweiht zu sein, hätte sie stolz gemacht, ihr die Beschämung vor der Weimarer Gesellschaft erspart, die doch in ihr seine Nächste zu sehen gewohnt war und sie nun für eine Verlassene einschätzen mußte. Die Genugtuung, am besten unterrichtet zu sein über die Schritte eines Vielbeachteten, um dessen Freundschaft es sich beneidet fühlt, ist dem weiblichen Herzen ein Trost — aus der befriedigten kleinen Eitelkeit schöpft die Frau Glauben an den Geliebten und ermutigt sich darin zu guter Haltung. Dieser Wechselwirkung von Kraft auf Schwäche und von Schwäche auf Kraft war Charlotte nicht teilhaftig geworden. Es hatte Goethe nicht beliebt, ihr Vertrauen zu gönnen und das Wort Italien vor ihr auszusprechen. (Was für ihn wahrscheinlich gewesen wäre, als würde er ein zauberisches, keusches Geheimnis preisgeben!) Der Verkehr über die Ferne hin nahm dann, als der Friede wieder hergestellt war, die vollsten Klänge an. Charlotte von Stein, die ewig Beneidenswerte, erhielt die überwältigend inhaltreichen Briefe, Tagebuchblätter und Zeichnungen und auch jene wenigen „ostensiblen“ Briefe, die zu verfassen ihm unbequem wurden, so daß er die Freundin bat, durch Umänderung der Anrede in den anzufertigenden Abschriften seine Berichte für den ganzen Kreis benutzbar zu machen. Wenn man zum Beispiel den Brief vom 18. November 1786 liest und den vom 24., zwischen welche beiden der „ostensible“ vom 22. fällt, der dem vom 24. beigelegt ward, so erkennt man, daß eben die Ausdrücke der Liebe der Kenntnis der Weimarer Freunde vorenthalten bleiben sollten!

Wie sehr wünschte er allen ihm zuwachsenden Reichtum mit ihr zu teilen. Er war voll Reue, daß sie seinetwegen litt, und versprach, daß ein ganz reines Vertrauen, eine immer gleiche Offenheit ihn aufs neue mit ihr verbinden solle! Wenn er etwas lernte, hoffte er, es solle ihr in der Folge auch zugute kommen. Ihm ward im Gemüt, „wie er's gar nicht ausdrücken kann", wenn er von ihrem Zahnweh und ihren anderen Übeln hörte, während er sich mit der gleichen Konstitution, die ihn im Norden nicht vor Pein bewahrte, in Italien munter und wohl befände. Er hatte „ein unaussprechliches Verlangen", ihr zu schreiben. Auch an die Weimarer Freunde schloß sein Herz sich von fern fest an. Die vollste Innigkeit aber hat diese Stelle geschrieben: „Leb wohl, Geliebteste, mein Herz ist bei Dir, und jetzt, da die weite Ferne, die Abwesenheit alles gleichsam weggeläutert hat, was die letzte Zeit über zwischen uns stockte, so brennt und leuchtet die schöne Flamme der Liebe, der Treue, des Andenkens wieder fröhlich in meinem Herzen" (18. April 1787, Palermo). So war Charlotte immer bei ihm. Er nahm sie, er nahm seinen ganzen Kreis der Heimat mit empor in die neuen Erfahrungen, Kenntnisse, Erhobenheiten. Sie genossen alle seinen Rausch mit ihm, wuchsen mit ihm, waren seine beständigen Reisegefährten. — Er teilte ihnen, in großartiger Naivität, seine eigene Anempfindungsfähigkeit zu!

Niemals kann man begreifen, wie es Goethe, gerade ihm, entgehen konnte, daß ein Wiedersehen im vollsten Sinne unmöglich ist. Das Auge sieht einen Menschen wieder, an dem während der Trennung allerlei weitergewachsen ist. Bringt nicht schon die Lesung eines bedeutenden Buches zugleich mit einer neuen Erkenntnis, die es gibt, eine leise Veränderung der Seele? Ist die Zusammensetzung der Blutkörperchen in den Adern nicht wandelbar und vom Wechsel der Ernährung und Luft abhängig? Ist Geist und Leib nicht ein Lebendiges und deshalb fortwährend Bewegliches, sich Entwickelndes oder Zurückbleibendes?

Charlotte und der Kreis in Weimar lebte weiter, wie angebundenes Wachstum muß. Die Veränderungen sind so leise, daß sie den gesellig im gewohnten Rahmen vereint Bleibenden gar nicht zum Bewußtsein kommen, und weil es deshalb an Selbstbeobachtung und an Besorgnis um die eigene Entfaltung fehlt, nimmt diese gewiß nicht ihre Wege ins Freiere und Größere. Goethe aber hatte sich ganz umgebildet. Er gab sich die Richtung in einen neuen Stil. Sein Geist war angefüllt mit tausend herrlichen Bildern. Er hatte die köstlichsten Freuden einer ihm neuen Art von Jugend genossen, in der noch jeder Übermut von Schönheit geadelt war; die tiefe Weisheit des in Mannheit Vollendeten erfüllte ihn. Die Mutter hatte ihm, glückselig, daß er nach Italien gekommen, geschrieben: „Ewig werden mir die Worte der seligen Klettenbergern im Gedächtnis bleiben: ‚Wenn Dein Wolfgang nach Mainz reiset, bringt er mehr Kenntnisse mit als andere, die von Paris und London zurückkommen.'" Was alles würde er gar erst von Italien mitbringen!

Und beim beständigen Aufnehmen und zugleich mit den ungeheuren Entwicklungen arbeitete seine gestaltende Treue an den Menschen der heimischen Umwelt und goß auch in sie vom neuen Inhalt seiner Brust hinein. Oder tat das nicht nur die Treue und die Gewohnheit des Angewachsenseins? War eine uneingestandene tiefe Besorgnis dabei? Der dringlichste Wunsch, sie so zu haben, wie er sie wiedersehen mußte? — Mußte, sollte die Rückkehr keine Qual werden? Färbte die Leidenschaft des künstlerischen Genießerglücks vorweg seinen Zuhörern die Freudenröte der Teilnahme an?

Selbst wir Sterblichen haben es an uns erfahren, daß uns geradezu Feindschaft begegnete, wenn wir, beschwingt von den großen Dingen irgend einer seltenen Reise und kühnen Fahrt, wiederkehrten. Der Daheimgebliebene wehrt sich instinktiv gegen den Zurückgekommenen, als wisse der eine, daß der andere nun über ihn hinausgewachsen sei. Und das will die Kleinlichkeit, die nun einmal im Durchschnittsmenschen steckt, durchaus nicht dulden. Sie verstummt und beugt sich wohl vor der Größe, die fern von ihr emporwuchs. In ihrer Nähe will sie es bequem haben. Der Reisende, um den noch der Schein weiter Horizonte ist, paßt ihr nicht in die heimische Beleuchtung.

Und Goethe erfuhr die Tragödie der Heimkehr in erschütternden Szenen. Charlotte und die Freunde waren nicht die, zu denen er sie im Geiste mit sich hatte wachsen lassen. Ihm begegnete Gleichgültigkeit gegen sein Erleben. Und der heiße Strom beglückter Mitteilungen fand kein breites Bett zur Aufnahme — er entstürzte einer glühenden Seele und zerrann auf der Dürre des Bodens!

Oft, wenn er sich später seiner ersten italienischen Reise erinnerte, überkam ihn die Bitterkeit über diese Wiedersehenserfahrungen. Am 30. Mai 1814 noch, als er mit Kanzler Müller vor dem großen Plan von Rom stand, sagte er, daß er es wohl gestehen dürfe, daß er, seit er über den Ponte Molle heimwärts fuhr, keinen rein glücklichen Tag mehr gehabt habe. „Und dabei waltete tiefe Rührung über seinen Zügen." —

„Ich lebte zehn Monate lang zu Rom ein zweites akademisches Freiheitsleben; die vornehme Gesellschaft ganz vermeidend, weil ich diese ja zu Hause schon habe." Und im jähen Wechsel von Freiheit zum allerbemessensten Zwang, sah er sich dann in diese vornehme Gesellschaft zurück versetzt, in ihr gefangen, ohne daß er für sie und sie für ihn eine geöffnete Seele hatte! Bei einer anderen Gelegenheit sprach er nach Jahren (1817) noch aus, wie man sich verhalten habe, als es ihm so schwer geworden, den heiteren Himmel mit einem düsteren zu vertauschen: „Die Freunde, statt mich zu trösten und wieder an sich zu ziehen, brachten mich zur Verzweiflung. Mein Entzücken über entfernteste, kaum bekannte Gegenstände, mein Leiden, meine Klagen über das Verlorene schien sie zu beleidigen, ich vermißte jede Teilnahme, niemand verstand meine Sprache."

„Zu beleidigen." Das ist der Punkt. Da ist die seelische Entblößung der im angebundenen Wachstum Verbliebenen.

Hiervon ist Charlotte von Stein nicht auszunehmen. Aber ihr Seelenzustand dem Zurückkehrenden gegenüber war ein anderer als der der Freunde, und vom weiblichen Anspruch aus hatte sie ein Recht, schmerzlich beleidigt zu sein, daß das Wiedersehen mit ihr ihm nicht mehr Glück bedeutete als der Genuß aller Schönheiten der Welt. Dieser Schmerz muß noch eine geheime Angst als Unterströmung gehabt haben. Sollte ihr Spiegel ihr nicht zugeflüstert haben: Du bist gealtert? Sollte sie die Überraschung darüber nicht in seinen Blicken gelesen und vorher befürchtet haben? Und noch andere Gefühlsschwingungen machten ihr Gemüt unruhig bei dieser von Schwierigkeiten geradezu umdornten Wiederbegegnung. Sie trug sich doch gewiß oft genug mit dem Qualgedanken, was er noch alles über das Mitgeteilte hinaus erlebt haben möge. Erlebt, auch mit dem Weibe. Und das neue Erlebnis körperlicher Art, selbst das flüchtigste, bricht für ein stolzes Frauenherz den Zauber der Zusammengehörigkeit. — Es hatte ihr, während er noch fern war, ganz bestimmt nicht am guten Willen gefehlt, sich in alles hineinzuleben, was ihn beschäftigte und begeisterte. Aus Neapel schrieb er ihr am 25. Mai 1787 einen Brief, in welchem er ihr sagte: „Es freut mich, daß Du von Italien so viel liesest, Du wirst mit den Gegenständen bekannter, und wenn ich komme, kann ich Dir sie doch näher bringen." Nun aber, da sie ihn wiedersah, war plötzlich ihre ganze Seele voll Abwehr gegen das halb umschleierte Stück Dasein, das er in der Ferne durchschritten. Sein Anblick brachte ihr auch die Erinnerung zurück an die trübe Zeit vor seiner Abreise und was sie durch diese und in der Zeit seiner Abwesenheit gelitten. Und es zeigte sich immer deutlicher, daß ihre raschen Trennungsworte, mit fliegender Hand aufgeschrieben und Seidel zur Beförderung mitgegeben, doch schon der zweite Akt des Dramas vom Auseinandergehen gewesen sei. — Der erste Akt: seine Flucht. Der dritte, der die Katastrophe umschließen mußte, hatte also genug Vorbereitungen erfahren! In den Briefen, die Goethe nach seiner Rückkehr schrieb — immer noch bleiben die Charlottens uns verborgen! —, breitet sich rasch und sehr bemerkbar tiefe Verstimmung aus. Daß schon vor seiner Reise alles zwischen ihnen „stockte", wissen wir aus seinem Brief aus Palermo vom 18. April. Trotz seiner damaligen Hoffnung auf neue Klarheit löste sich diese Stockung nicht. Charlotte hatte den Geliebten zurückerwartet, und nur der Freund kam ihr wieder. Die Enttäuschung machte sie gewiß nicht anmutiger. Im August sind seine Äußerungen noch von einer erzwungenen Freundlichkeit. Aber er „fürchtet sich dergestalt für Himmel und Erde, daß ich schwerlich zu Dir kommen kann". Christiane war schon seine heitere, ihn glühend beglückende Gesellschaft in dem Stübchen, wo er sich wohler befand als irgendwo sonst ... Aber Charlotte ahnte noch nichts von ihr.

Und dann, am Ende des Winters 1789, erfuhr Charlotte von Stein, daß Goethe ein Verhältnis mit der jungen Vulpius habe. Fritz war diesem weiblichen Wesen in Goethes Garten begegnet, wo es sich mit dem Auftreten der hierzu Berechtigten erging. Diese Begegnung wurde der Anlaß zu Nachforschungen, die die Wahrheit enthüllten.

7

Daß Charlotte den Freund sogleich mit Vorwürfen und Auseinandersetzungen plagte, erkennen wir auf das deutlichste aus seinem undatierten Brief, der im Frühling des Jahres geschrieben ist. Dem weiblichen Gemüt ist schweigende Gefaßtheit zumeist erst möglich im Zustande voller Hoffnungslosigkeit. Es hat oft genug die Schwäche, in einer gewissen Wortgymnastik gegen das Feindliche zu ringen, in dem törichten Wahn, es damit zu besiegen. Der Übergang vom Besitz zur Entsagung ist ein schwieriger, langsamer Prozeß und nimmt zumeist die Form des Liebeshasses an, ehe die Abklärung kommt — die, je nach dem Wert des Mannes, Verachtung oder wehmütige Würdigung werden kann; vollkommene Gleichgültigkeit gegen den einst Geliebten dürfte ein seltener Fall sein. Bei Frauen von sehr starkem sinnlichen Temperament schlägt Liebe wohl jäh in kalten Haß um. Aber eine solche Frau war Charlotte ja nicht; ihrer weiblichen Art gemäß wehrte sie sich mit den unzulänglichen und verkehrten Mitteln. Der große Menschenkenner war deshalb auch durchaus geneigt, zunächst diese Erregungen als das Schäumen leer kreisender Räder zu übersehen. Er schrieb voll herzlicher Würde an die Freundin, daß ihre Vorwürfe keinen Groll und Verdruß in seinem Herzen zurückließen. „Auch s i e weiß ich zurechtzulegen, und wenn Du manches an mir dulden mußt, so ist es billig, daß ich auch wieder von Dir leide." Und weiterhin: „Mit Dir kann ich am wenigsten rechten, weil ich bei jeder Rechnung Dein Schuldner bleibe." Ein solches Schuldnergefühl war bei einer rein geistigen Beziehung u n m ö g l i c h! Wie viel Goethe auch empfangen hatte: er durfte sich bewußt sein, mehr noch gegeben zu haben. Man muß doch fragen: welches Recht hätte die Seelenfreundin denn gehabt, ihm zu zürnen, wegen eines Verhältnisses, von dem er mehrere Monate später, am 8. Juni, als Christiane doch schon in den ersten Anfängen künftiger Mutterschaft stand, noch schrieb: „Hilf mir, daß es nicht ausarte"?

Charlotte war eine Frau von Welterfahrung. Sie lebte in höfischen Kreisen und sah, daß Männer, sonst von hohem ethischem Rang, es mit der geschlechtlichen Treue gegen ihre Gattin keineswegs streng nahmen. Karl August selbst war sehr menschlich in diesen Dingen. Sie kann doch in den ersten Jahren ihrer Beziehung zu Goethe, als sie selbst sich ihm noch verweigerte, ganz unmöglich angenommen haben, daß er das Leben eines Zölibatärs führe und die Keuschheit eines geweihten Priesters bewahre. Sie mußte wissen, aus den Beobachtungen, die sie in ihrer gesellschaftlichen Schicht machen konnte, daß diese Seite im Mannesleben oft genug mit dem sonstigen Gesamtwert seiner Persönlichkeit gar nichts zu tun hat. Warum sollte sie Goethe den „Bettschatz" nicht gönnen? Denn daß Christiane ihm mehr werden und für immer mit ihm vereint bleiben würde, konnte sie damals noch nicht ahnen. Warum nicht lieber blind tun, klug darüber hinwegsehen? Goethe sagte es ihr doch in den innigsten Worten, daß er ihr von Herzen nahebleiben wolle. Aber er sagte freilich auch: „Wer wird dadurch verkürzt? Wer macht Ansprüche an die Empfindungen, die ich dem armen Geschöpf gönne?" Diese Fragen waren ein Zeugnis, wie Goethe in seinem „ewigen Werden" der Notwendigkeit, Charlotte zu besitzen, vermutlich schon längst vor der italienischen Reise entwachsen war und nun gar nicht mehr fühlte, daß eben Charlotte diesen Anspruch mache und sich dabei in ihrem Rechte glauben mußte. Ihr wurden diese seine Fragen eine Bestätigung des Verlustes des Geliebten; all ihre trüben Vorahnungen erfüllten sich.

Und blind vor Schmerz stieß sie auch den Freund von sich. Aus den Worten, die Goethe in Palermo niederschrieb: daß die Ferne, die Abwesenheit gleichsam weggeläutert habe, was die letzte Zeit in ihnen stockte, und daß die schöne Flamme der Liebe, der Treue, des Andenkens wieder fröhlich in seinem Herzen brenne, kann man wohl herauslesen, daß er mit sich in glücklichste Klarheit gekommen war über seine Beziehung zu Charlotte. Das Andenken sollte fröhlich in seinem Herzen brennen! Wie tief und fein knüpft sich das an die erste Zeit ihrer seelischen Zusammengehörigkeit, an jene, wo er schrieb: „Du hast meine Existenz klingend gemacht".

Aus Italien kamen von ihm zu ihr auch die leidenschaftlich klagenden Worte: „An Dir häng' ich mit allen Fasern meines Wesens. Es ist entsetzlich, was mich oft Erinnerungen zerreißen. Ach liebe Lotte, Du weißt nicht, welche Gewalt ich mir angetan habe und noch antue, und daß der Gedanke, Dich nicht zu besitzen, mich doch im Grunde, ich mag's nehmen und stellen und legen, wie ich will, aufreibt und verzehrt." Man kann nach meinem Gefühl dies „Dich nicht zu besitzen" nur so nehmen: nicht im geordneten, bürgerlich-gesetzlichen Sinne vor aller Welt! Wie er, es sei hier noch einmal daran erinnert, es auch schon in jenen ersten Zeiten der vollen Vereinigung ausgesprochen hatte: „Ich wollte, daß es irgend ein Gelübde oder Sakrament gäbe, das mich Dir auch sichtlich und *gesetzlich* zu eigen machte, wie wert sollte es mir sein." Auch ist das Wesen geistiger Freundschaft nicht „aufreibend und verzehrend", sondern beglückend und erhellend. Diesen beiden Persönlichkeiten erschwerte die Umwelt den freundschaftlichen Verkehr überdies in keiner Weise, und sie brauchten sich an äußerlichen Hemmnissen in der Verteidigung ihrer seelischen Bedürfnisse nicht schmerzlich oder zornig zu steigern! Junge Liebende, deren Trieb zueinander nicht gestillt werden kann, verzehren sich, reiben sich auf in der Entsagung. Ein solches Paar waren der an der Schwelle der Vierzig nun Stehende und die dem Matronenalter sich Nahende aber nie und nimmermehr. All die unbürgerliche Leidenschaft, die über die Grenzen zwischen dem erotisch-seelischen und erotisch-geschlechtlichen voll Unrast, köstlicher Beglückung und beängstigender Bedrohlichkeit hin und her braust, lag längst hinter ihnen. Goethes Bedrängnis war eine der Ehre und Treue: er litt, weil er das, was Charlotte ihm gegeben hatte, nicht bürgerlich in sein und ihr Leben einordnen konnte! — Wenn Charlotte dies kummervolle Geständnis anders hätte auffassen müssen, nämlich vom Standpunkte der Frau, die sich ihm immer verweigerte, so konnte, so durfte sie keine Einwendungen dagegen vorbringen, daß Goethe sich einen „Bettschatz" nahm!

Charlotte aber fühlte sich verlassen und verraten. Diese beiden Begriffe fallen für die Frau seltsamerweise immer zusammen. Gewiß konnte sie sich, man muß es ihr zubilligen, als verraten fühlen. Erstens weil in ihrem Herzen doch der Anspruch an seinen vollen Besitz fortbestand, zweitens weil er das ganz reine Vertrauen und die immer gleiche Offenheit, die ihn (laut Brief aus Rom vom 6. Januar 1787) aufs neue mit ihr verbinden sollte, nicht betätigt hatte. Freilich konnte er dagegen einwenden, daß ihre Haltung nach seiner Rückkehr ihm das Vertrauen und die Offenheit nicht habe gedeihen lassen. Er warf ihr vor, daß sie ihn mit vorsätzlicher Laune von sich gestoßen habe. Wahr, bis auf das „vorsätzlich". Die von so viel Leiden Geplagte, die Gefährtin des kopfkranken Mannes, die Mutter, die inzwischen einen Sohn hatte sterben sehen, die Frau, die dem Geliebten die Flucht nach Italien nachtrug, die seinen Verlust mit all ihren Nerven, mit jedem Schlag ihres Herzens voraus fühlte — die konnte nicht anders als unter außergewöhnlichem Stimmungsdruck stehen. Sie hätte schon eine treffliche Schauspielerin sein müssen, um so viel Gemütsbedrängnis tief zu verbergen. Und die Wahrhaftigkeit von Charlottens Natur war eine ihrer größten Eigenschaften. Die ganz Wahrhaftigen sind auch meistens die Kantigen. —

Verlassen aber war sie nicht.

Goethe wollte ihr Freund bleiben; er fühlte das seelische Band als ein so starkes, daß er es nur mit Schmerz sich lockern sah und noch beredsam versuchte, das Zerreißen zu verhindern. Er schrieb ihr Worte, die das Herz einer Freundin, n u r e i n e r F r e u n d i n von Stolz und Ergriffenheit hätten schwellen lassen müssen. „Ich habe kein größeres Glück gekannt als das Vertrauen gegen Dich, das von jeher unbegrenzt war. Sobald ich es nicht mehr ausüben kann, bin ich ein anderer Mensch und muß mich in der Folge noch mehr verändern." So hatte sie ja gar nichts verloren!? So h ä t t e sie gar nichts verloren, wenn ihr Besitz und Anrecht nicht schon größer gewesen wären. —

Warum konnte denn Charlotte sich jetzt nicht, wie einst in den ersten Jahren ihrer Liebe, an der seelischen Zusammengehörigkeit, am unbegrenzten Vertrauen beglückt erfreuen? Weshalb nicht in einem echt frauenhaften Hochmut auf das „arme Geschöpf" herabblicken? Und sich selbstzufrieden sagen: ihr die niederen Bedürfnisse des Mannes, mir sein Geistiges. Das wäre so recht eine Zweiteilung gewesen, für weibliche Logik.

Nein, Charlotte konnte für solche Zweiteilung keine Duldsamkeit mehr haben, weil der ganze Mensch ihr eigen gewesen war! Und sie, aus den Gesetzen ihrer solid geordneten Natur heraus, hatte ihr Verhältnis zu Goethe so gefühlt, daß es durch ihre Hingabe einen Zustand bürgerlicher Dauerhaftigkeit angenommen habe — philisterhaft gewissermaßen. Das Opfer, das sie ihm gebracht, war für sie riesengroß gewesen; es mußte bindendere Kraft haben als selbst Ehebündnisse! Denn aus den Fesseln solcher sah sie in ihrem Gesellschaftskreis manchmal für ein Weilchen die Männer entschlüpfen. Durch Treue mußte für ihren Stolz diese heimliche Verbindung geadelt werden! Wie konnte ihr, der Maßvollen, der Beherrschten, der Beharrenden, auch nur von fern der Gedanke kommen, daß Goethe ihres Besitzes nur in einer bestimmten Entwicklungsphase bedurfte? Das hätte ihr eine Erniedrigung bedeutet! Welche Frau würde erkannt und gewürdigt haben, daß es im tiefsten Sinn doch Erhöhung gewesen sei? Keine! Als Wagner Mathilde Wesendonk fand, bedurfte er einer Liebe von völligster

Idealität. Als Goethe sich für viele Jahre an Charlotte band, bedurfte er einer jede Möglichkeit der Weiberforschung umfassenden Liebe. Wagner war damals neunundreißig Jahre alt, durch viel bitterste Kämpfe gegangen und in einer schwierigen Ehe unfrei; Goethe war siebenundzwanzig Jahre und vom Sonnenglanz aller Freiheiten umstrahlt.

Als Charlotte nun sah, daß ihre Vorwürfe nichts änderten, daß ihr Zorn, ihr Schmerz nicht verstanden wurden und Goethe sich sein Glück nicht entreißen ließ, in das er zunächst auch Nachstimmungen der italienischen Reise hineingeheimnist haben wird, ging eine völlige Wandlung mit ihr vor. Die Briefe, die er ihr am 1. und am 8. Juni 1789 noch schrieb, hat sie gewiß nicht mit hellen Augen und ruhevoll urteilendem Verstande gelesen. Briefe? Sie haben ihren besonderen Dämon. Mag darin stehen, was will, der Empfänger hört aus ihnen doch nur das Echo eigenen Gemüts und nicht die Herzenstöne des Schreibers heraus! Wir lesen heute aus Goethes Worten vom 8. Juni, wie rührend er bemüht war, Charlottens Freundschaft sich zu erhalten — und erkennen, wie er ganz und gar von seiner Verliebtheit in Christiane verblendet war; sonst hätte er, mit Charlottens Art doch vertraut, nicht den Wahn hegen können, daß ihm sein Mühen freundlich gelinge.

Es klingt auch aus dem Briefe vom 8. Juni das Vorgefühl, daß Christiane mehr bedeuten könne als eine Liebschaft mit Zeitbegrenzung. Sonst würde er kaum gebeten haben: „Hilf mir selbst, daß das Verhältnis, das Dir zuwider ist, nicht ausarte, sondern stehen bleibe, wie es steht." Eine Bitte übrigens, die wohl Erfüllung gefunden hätte, wäre Charlotte n u r die ideale Geliebte gewesen! Dann hätte sie es unbedingt für ihre Pflicht gehalten, mit feinsten Gegenwirkungen zu verhüten, daß Christiane den Mann, solchen Mann, für immer an sich fessele. Sie kannte doch auch Weimar. Sie mußte voraussehen, wie der Klatsch sich mit Goethe beschäftigen werde — dem Eindringling in die Welt und Stufenleiter höfischer und beamtlicher Chargen. Daß eine Frau an solcher Wende ihres Liebeslebens nur an sich denkt, ist, falls ihr Gefühl echt war, ausgeschlossen. So muß auch die Sorge um ihn, den sie abwärtsschreiten sah, sie sehr erregt haben. Die Unannehmlichkeiten, die ihm aus dem Verhältnis erwachsen mußten, konnte sie leicht sich ausmalen. Daß seine Natur schwer sei, daß er alles, was sich aus der neuen Gestaltung seines intimsten Lebens ergeben würde, vielfach innerlich hin und her wenden und gedankenvoll betrachten werde, wußte sie auch. (Wie er es denn viel später einmal aussprach: „Unreine Lebensverhältnisse soll man niemand wünschen; sie sind aber für den, der zufällig hineingerät, Prüfsteine des Charakters und des Entschiedensten, was der Mensch vermag.")

Charlotte geriet (entsetzt in sein Wesen hinein, sozusagen beschämt auf seine Rechnung und über ihr eigenes Erleben verzweifelt) in einen Zustand, der ihrer ganzen bisherigen Art widersprach. Sie vergaß alle Beherrschtheit und zeigte die Symptome schwerster Eifersucht. Jener, die aus den Unterströmungen des Geschlechtlichen vulkanisch hervorbricht und der selbstzerstörerischen Züge nicht entbehrt. Sie lebte nicht mit einem auf die Nachwelt gerichteten Blick und hatte keine Ahnung davon, daß jede ihrer haßerfüllten Äußerungen einmal in der Geschichte Goethes einen mehr oder minder strafenden Vermerk erhalten werde.

Aber sie konnte wirklich nicht anders als hassen. Sie war in ihrem tiefsten, geheimsten Sein getroffen, war schwer beleidigt. Sie dachte gar nicht daran, daß jedes ihrer Worte über Christiane und über Goethe selbst eine Enthüllung ihrer eigenen Beziehung sei. Die Eifersucht auf die geistige Rivalin, die von dieser Eifersucht erzeugte Angst, den geliebten Mann sich an eine Minderwertige wegwerfen zu sehen, kann genug haßvolle Worte finden. Besonders bei temperamentvollen und sich ihrer Bedeutung bewußten Frauen. Das muß durchaus zugegeben werden. Aber zur Herabsetzung des lange geliebten Mannes versteigt sich nur der Liebeshaß, der aus dem Geschlechtlichen aufsiedet. Auch konnte Christiane für Charlotte nie und nimmer unter den Betracht einer „geistigen Rivalin" fallen. Von welcher Seite aus man ihre haltlose Erregung auch untersucht: man kommt immer auf die weiblichste aller weiblichen Eifersüchte. — Wie schmerzlich hat das Schauspiel, das ihre Unbeherrschtheit gab, auf die eingeweihten Zuschauer gewirkt! Karoline von Beulwitz sprach es aus: „Ein zwölfjähriges zärtliches Verhältnis kann sich nicht in so widrige Empfindungen auflösen, ohne die besten Kräfte des geistigen Lebens zu vernichten."

Rückschauende, die das Ende eines Schauspiels zugleich mit seiner Entwicklung vor sich haben, können leicht Forderungen aufstellen! Wenn Charlotte von vorneherein gewußt haben würde: diese Christiane wird Goethes häusliches Glück bedeuten, und er wird sie dereinst zu seiner anerkannten Gattin erheben — so würde sie sich wahrscheinlich rascher gefaßt haben, wenngleich unter ungeheuren Schmerzen. Denn das Unabänderliche hat immer Gewalt und bezwingt und fordert zu kluger Anpassung heraus. Aber so, wie Charlotte die Dinge sah, mußte sie zittern. Sie war doch stolz auf Goethes Größe und Bedeutung gewesen; jetzt stieg er von seiner Höhe herunter. (Und tat er es etwa nicht? Wenn auch anders, als Charlotte es sah. Mußte er Christiane, sobald er die Ausdauer seiner leidenschaftlichen Liebe zu ihr erkannte, nicht in die klare, geachtete Stellung der rechtmäßigen Gattin bringen? Warum er sich dazu nicht entschloß, ist aber eine Frage, die umfassende seelische Untersuchungen forderte und hier auszuscheiden hat, weil Charlotte sich mit ihr nicht beschäftigte.) Im Stolz auf den Geliebten ist bei der Frau immer Eitelkeit die Zutat; die rührende Eitelkeit, die sich den Mann erhöhen muß, um noch demütiger vor ihm zu knien; die selbstische, denn: je strahlender der Geliebte ist, desto mehr Ruhm für sie, von ihm geliebt zu sein — es ist eben Licht und Reflex.

Diese Eifersucht Charlottens sollte nun von den Grundzügen ihres Wesens aufgenommen und darein mit verarbeitet werden. Zu ihrer eigenen Qual war sie dazu durchaus veranlagt. Wenn der Freund sie auch im Jahre 1779 nicht so genau erkannt haben kann, als er nach 1781 die Totalität ihres Wesens zu erfassen vermochte, wird man die Skizze, die sein Gedicht von ihr entwarf, nicht als schiefe Zeichnung ansehen dürfen. Er schickte ihr als Neujahrsgruß diese Zeilen:

„Du machst die Alten jung, die Jungen alt,
Die Kalten warm, die Warmen kalt,
Bist ernst im Scherz, der Ernst macht Dich zu lachen,
Dir gab aufs menschliche Geschlecht
Ein süßer Gott sein längst bewährtes Recht,
Aus Weh ihr Wohl, aus Wohl ihr Weh zu machen."

Dies könnte man als Feststellung der Neigung zum Widerspruch um des Widerspruchs willen auffassen und als Zeugnis herrischer Gelüste. Äußerliche Linien einer Erscheinung sind rasch gezeichnet; den Kontur mit Einzelheiten lebensvoll auszufüllen, dazu bedarf es vielerlei Pinsel und sorgsamster Farbenmischung. — Ich möchte versuchen, am Gegensatz zu erklären. Es gibt Menschen, denen es eine unbedingte Notwendigkeit ist, sich auf jeden einzurichten, mit dem sie sich berühren; sie müssen immer eine Harmonie erzielen, um sich innerhalb dieser aufs liebenswürdigste zu entfalten; sie sind, unbewußt, in eine feinste, verborgenste Unaufrichtigkeit verstrickt, nur eben aus dem Bedürfnis nach guter Abstimmung auf den anderen Teil, und die Unaufrichtigkeit liegt nur darin, daß sie eigentlich keinen Menschen ganz abzulehnen vermögen, sondern, nach dem geheimen Gesetz ihrer Natur, auch noch da Gleichklang zu erreichen wissen, wo völlig unterschiedliche Tonart dies als unmöglich vermuten ließ.

Hiervon war Charlotte das Gegenteil. Nicht nur weil sie, die im höfischen Zwang mit Bücken und Schweigen von je und ihr Leben lang befangen war, sich dafür als Ausgleich, wo es anging, in verschärfter Unschmiegsamkeit seelisch erholen mußte. Sondern weil sie in ihrer Anlage kritisch, ihrer Erziehung und ihren Erfahrungen nach Pessimistin war. Nicht etwa, daß sie ihre geistigen Gaben nur im Widerspruch hätte recht entwickeln können. Aber sie war zu ernst und schwarzseherisch, um Leichtlebigkeit ohne Besorgnis zu sehen; zu gütig, um Schwergestimmten nicht das Gemüt zu erhellen; zu gereift, um den Übermut nicht zu zügeln; zu anmutig, um den Greisenhaften nicht Freude zu sein; und zu überlegen, um nicht immer durch diesen ihren unwillkürlichen Gegensatz, den ihre unbedingt wahrhaftige Natur nicht verstecken konnte, zu wirken. Also ganz gewiß nicht immer bequem für die mit ihr Umgehenden. Und ganz gewiß sich selbst nicht leicht. Sie mußte unerhört leiden durch diese Erfahrung mit Goethe, und die Bitterkeit fand den Weg offen in alle Kanäle ihres Wesens.

Und doch sickerte unter dem vollen Strom der Empörung noch ein Quellchen leise aus dem Untergrunde herauf: Liebe, die nur auf die Gelegenheit wartete, doch noch verzeihen zu können. Frauen haben so geschwinde auf den Lippen ein stolzes: Nie mehr! Aber in ihrem Herzen formt sich schon der Jubelschrei: Wieder dein! — Es gibt da eine Szene von tiefster Melancholie. Charlotte stand am Fenster und sah, daß Goethe ihren Hof überschritt. Sie rief nach ihrer Jungfer, machte sich rasch mit ein wenig Putz hübscher, tat das weiße Mulltuch um, jene Zier, die wir auch von den letzten Bildern der Marie Antoinette kennen, die so kleidsam und jugendlich wirkt. Wie mögen ihre

Finger gebebt, wie das Herz im Halse geschlagen haben! Tausend Gedanken rasten gewiß durch ihr Hirn, Vorsätze zur Klugheit, zur liebenswürdigen Haltung ... Und sie wartete ... Die Sekunden rannen — bleiern, jede ein Leben lang. Jede erfüllt von Hoffnung, die von Furcht sich nicht erwürgen lassen wollte. Sie wartete! Auf ihre Neugeburt. Auf ihre Hinrichtung. Sekunden, in denen sich die ganze furchtbare Tragödie des Weibstums zusammenpreßt, das vorbestimmt scheint, dem Manne nur Mittel zu sein. — Es erfüllte sich ihr Geschick, und sie sah die Sekunden des Wartens in das graue, uferlose Meer der Entsagung entrinnen. Goethe hatte nur den Durchgang benutzt, der unter ihrer Wohnung hinführte ...

Nachempfindend spürt man die tödliche Ermattung, die schwer durch Charlottens Adern schlich, in den eigenen Gliedern mit.

Ein ungeheurer Jammer mußte in diesem Augenblick ihr Herz erfüllen. Und die ganze Luft um sie brauste und rauschte ihr das Todesurteil zu: Vorbei!

Aber nicht nur der bitterste Schmerz mußte sie zerreißen. Tausendmal war er auf eben diesem Wege dahergekommen, mit leuchtendem Aufblick sie schon suchend, die oben, hinter den Glasscheiben ihm entgegenlächelte. Und nun benutzte er ihn in der rücksichtslosesten Gleichgültigkeit ... ohne auch nur daran zu denken, daß sie ihn sehen und in Erwartung fiebern könne — — Welche unerhörte Demütigung! Und um welchen weiblichen Wesens willen? Zorn und Scham und Haß flammten jäh aus dem Schmerz empor. Der Mann war nun abermals ungeheuer schuldig vor ihr geworden — wie es so oft Männer werden, ohne die geringste Ahnung davon zu haben; wenn sie nämlich nicht die Erwartung erfüllen, die das Frauenherz in rascher Aufwallung und entgegen vielleicht allen Möglichkeiten in sich entwickelt.

8

Niemand mag einem anderen ähnlich sehen; jeder beansprucht für seine Züge die Erlesenheit des nur ihm gehörigen Gepräges, und die Fälle sind sehr selten, daß ein Mensch ohne Empfindlichkeit vernimmt, er gleiche dem oder jenem. Höchstens wird es gern hingenommen, wenn es sich um sehr große Männer oder sehr schöne Frauen als Linienverwandte handelt.

Noch viel peinlicher wird aber das Gefühl eines stolzen Menschen berührt, wenn er einen Geringeren in einem Erlebnis sieht, das dem eigenen irgendwie verwandt ist. Das ehrenvolle Erlebnis erscheint weniger auserlesen, wenn es dem X und dem Y auch beschieden ward; dem schuldvollen hält die vergröberte Wiederholung einen Spiegel vor.

Es handelt sich dabei um ein unbewußt sehr kluges, zutreffendes Gefühl: die Ähnlichkeitszüge zwischen dem Feinen und dem Plumpen, dem Tiefen und dem Oberflächlichen sind die Ursache, daß uns die wahren Gesichter mancher Menschen und mancher Schicksale so verwirrend unerkennbar werden. Und dagegen wehrt sich die Seele; desto nachdrücklicher, wenn sie sich und ihr Erleben sehr hoch einschätzen darf!

Ihre Hingabe an Goethe war für Charlotte eine

ungeheure Tat. So nie gedacht, so sehr dem ganzen Wesen und bisherigen Leben entgegen, daß es gar nicht anders sein konnte: ihr ganzes weiteres Dasein stand unter dem Nachbeben dieser gewaltigen Erschütterung. Sie hatte bestimmt das Bewußtsein eines einzigartigen, durch den Wert ihrer Persönlichkeit wie durch Goethes Größe geadelten Falles.

Nun gewährte ein anderes weibliches Wesen ihm dasselbe, aber auf eine höchst rasche und leicht entschlossene Art. Was sie Jahre des Kampfes gekostet hatte, wurde dort ohne Besinnen gegeben. Und dies ist ganz weiblich: wenn eine Frau eine Geschlechtsgenossin unbesorgten Sinns erleben sieht, was sie selbst nur unter äußerster Herzensnot gewagt, ist es ihr, als erschaue sie eine Parodie mit Einzelzügen darin, die beleidigen — wie auch eine ähnliche Karikatur unangenehm ist, die niemand gern von sich sehen mag, weil sie etwas von einer Enthüllung an sich hat.

Da nun Charlotte sich als erhabene Ausnahme gefühlt, war es völlig erklärlich, daß sie sich seelisch auf das äußerste gegen eine Einordnung neben Christiane sträubte. Wobei vielleicht noch als Unterströmung eine dunkle Angst mitsprach, Goethe möchte in seinem neuen Liebesglück nicht mehr gar so demütig vor ihrem Opfer knien, es in seinem Herzen durchaus nicht von Christianens raschem Fall unterscheiden. Vielleicht hatte sie eine Ahnung davon, daß Männer im Stolze neuen Liebesglücks vor sich selbst gern die Demut verleugnen mögen, mit der sie das vorige annahmen. — Mit solchen mehr gefühlten als gedachten Beängstigungen hätte sie ja Goethe Unrecht getan. Aber in derartigen Krisen ist eine Frau nicht objektiv. Und es kommt für das Maß der Leiden gar nicht auf die klare Beurteilung des Mannes an, sondern auf die Vorstellungen, mit denen sich die wunde Seele foltert.

Der einfachste Weg für Charlotte, sich sehr weit von Christianens Stellung zu entfernen, war, vernichtend über sie zu urteilen. Jedes scharfe Wort über das Mädchen war ein Blutstropfen aus Charlottens Wunden. Und durch ihre prüde Haltung dem Verhältnis gegenüber mußte sie sich vor sich selbst fort und fort erhöhen, sich immer wieder mit hochmütiger Stirn sagen: meine Verbindung mit ihm war ein anderes. Die geistige und moralische Stufe, auf der eine neue Liebe steht, kann die frühere Liebe beleidigen, wenn diese erkennt: der Geliebte stieg herab. — Indem sie sich dem Einsichtsvollen gewiß ungezählte Male verriet (man denke an die Äußerung der Karoline von Beulwitz), bildete sie sich zweifellos ein, ihre Verdammung von Goethes Liebschaft werde zum Zeugnis, daß sie selbst nie die Grenzen der Freundschaft überschritten habe. — Und jedes herabsetzende Wort über Goethe war ein Zucken ihres Stolzes. Sie, die immer die Dienerin von Herrenlaunen gewesen und gewöhnt war, die Gnade der Fürstlichkeiten in geziemender Dankbarkeit hinzunehmen, hatte sich als Königin eines Unsterblichen fühlen dürfen. Und nun war sie entthront! Daß ihre eigene hartnäckige Haltung sie vom Thron heruntergezwungen, daß sie nicht hatte zufrieden sein wollen mit der Wiederherstellung der nur rein freundschaftlichen Verbindung, hätte sie sich jeden Tag sagen müssen. Aber sie sagte es sich nie, weil sie ihrer

Rechte an den ganzen Menschen Goethe nicht vergessen und deren Verlust nicht überwinden konnte.

Ungeheuerlich war sie verarmt. Ihre späterblühte Jugend wie weggefegt aus Antlitz und Seele. Ohne geistige Interessen war sie auch vor Goethes Eintritt in ihren engsten Kreis nicht gewesen. Sie hatte ja am Hofe der Anna Amalia gelebt; es war schon das Weimar Wielands. Und einen Ton, den die Fürstin angibt, lassen schon pflichtgemäß alle Höfischen in sich weiterklingen. Aber wie echt, wie vertieft, wie vielseitig wurde diese geistige Bewegung, als der Unerhörte, dessen Gefährtin sie geworden, sie mit sich riß. An allem ließ er sie teilnehmen. Als er die wichtige anatomische Entdeckung des Zwischenkiefers gemacht hatte, schrieb er ihr beglückt und als Geheimnis davon: „Du sollst auch Dein Teil daran haben!" In aller seiner Naturfreudigkeit lebte sie mit, handhabte betrachtend das Mikroskop, reiste nach Jena, um den Durchgang des Merkur durch die Sonne zu beobachten; und ob es nun Gesteinskunde oder Luftballons waren: geistig und praktisch tätig stand sie dem Geliebten in seinen Versuchen bei. Förmlich wie zur Bestätigung der gleichen Interessen machte Herder dem Paare ein Geschenk: er gab Charlotte und Goethe zum Weihnachtsfeste 1784 ein gemeinsames Exemplar von Spinozas Werken! Wie bekannt, wie anerkannt war also Charlottens Wunsch und Streben, dem großen Freund sich verstehend anzunähern! Ihre Seele erschloß sich auch voll der Erkenntnis, daß er alles mit Leben erfülle, womit er sich beschäftige; sie schrieb: „... und jedes, was erst durch seine Vorstellung gegangen ist, wird äußerst interessant." Ihr teilte er seine Dichtungen mit; herrlichste Wunderwerke seiner Lyrik richteten sich an sie. Gerade die überwältigendsten Schöpfungen, von priesterlicher Hoheit erfüllt, legte er in ihre Hand — denn sie war die Muse dieser gesegneten Zeit. Eine Erinnerung nur, eine von vielen, um sich zu vergegenwärtigen, wie zu allernächst Charlotte der Größe lebte, wie gewohnt sie war, in der Zone des Über-, des Allmenschlichen mit zu atmen! Am 15. September 1780 schickte er ihr das noch nicht mit der Überschrift „Meine Göttin" versehene Gedicht zu: „Welcher Unsterblichen soll der höchste Preis sein?" und setzte darunter nur die Worte:

„Dieses zum Dank für Ihren Brief und statt alles andern, was ich von heut zu sagen hätte. G."

Welch ein Dank! Ein unsterbliches Gedicht lohnt einem Briefe. Und wie muß dieser Brief gewesen sein, der solche Schwingungen in Goethes Seele ins Erklingen brachte. So strahlte Charlottens Liebe zu ihm hinüber, so leuchtete es ihr zurück! Tiefste Gedanken erweckend und formend! Solche Gaben hatte sie empfangen — eine Gesegnete vor allen Frauen der Erde. Und stand nun in Armut. Einst hatte er wohl empfunden, was auch ihm dies Gebenmüssen an die Eine war. Er schrieb an Lavater, schon im September 1780: „Sie hat meine Mutter, Schwester und Geliebten nach und nach geerbt, und es hat sich ein Band geflochten, wie die Bande der Natur sind." Und dies Band war nun zerrissen. Sie standen wie auf verschiedenen Ufern, und zwischen ihnen wälzte sich ein trüber, breiter Strom von Ärgernis dahin, der gar nicht enden zu wollen schien.

Denn Christiane Vulpius war und blieb Goethes Wohngenossin. Und jeder Tag, jeder Monat, den dies ungeziemende Verhältnis länger hielt, mußte als sich immer neu erzeugende Reizung auf Charlotte hinüber wirken. Wie konnte sie anders als sich angstvoll fragen: was sind denn das für Zustände? Was ist denn das für eine Person? Sie schenkte ihm, dem Kinderfreund und Erziehungsfreudigen, einen Sohn — und trotzdem heiratete er Christiane nicht? Wie gering mußte er dieses Mädchen demnach einschätzen! Und in welcher schiefen Stellung ließ sie sich halten! Wurde wieder und wieder Mutter und erhob nicht den Anspruch, Gattin zu werden? Fühlte sich selbst wahrscheinlich solcher Ehre nicht würdig! In dem engen, kleinen Weimar wagte Goethe durch das Leben in einer wilden Ehe der Gesellschaft ins Gesicht zu schlagen? Wie hatte man ein weibliches Wesen zu beurteilen, das sich dazu hergab?!

Es konnte gar nicht anders sein: für Charlotte mußte die Würdelosigkeit dieses Verhältnisses sich verdunkelnd vor die große Vergangenheit stellen. Sie hatte doch geglaubt, Goethe zu kennen! Nun offenbarte er im unbegreiflichen Verhalten Seiten, die ihn gewissenlos, taktlos und unmoralisch erscheinen ließen. Zugleich damit verringerte sich das Recht der Frau, ihn geliebt, ihm unerhörte Opfer gebracht zu haben! Recht und Adel gerade dieser Liebe hing auf das tiefste zusammen mit der ragenden Höhe des Mannes. Auch ihre eigene Persönlichkeit mußte ihr angetastet sein. Die Nachfolgerin scheint doch immer irgendwie den Maßstab für die Vorgängerin zu geben — verborgene Verwandtheiten lassen sich ahnen, aus Gegensätzen lassen sich Schlüsse ziehen! Es ist ein sehr merkwürdiger Zug im Weibe, diese Begier, sich kritisch mit der Erbin ihrer Stellung zu befassen; sterbende Frauen quälten sich ruhelos mit der Frage: wie wird das Weib beschaffen sein, dem mein Mann einst meinen Platz gibt?! Ja, auch Männer hat man von einer latenten Art von Eifersucht geplagt gesehen, gegen ihre Nachfolger in politischen oder künstlerischen Ämtern. Und es mag unentschieden bleiben, ob der geringere oder der überragende Nachfolger leichter ertragen wird.

Wenn Charlotte die Vergangenheit in ihrem Gedächtnis nachlebte, durfte sie sich sagen: es war ein Höhendasein gewesen. In seinen äußeren Formen wie in seinem innersten Gehalt. Der Mann, den sie liebte, hatte ihr als Tributpflichtiger des Herzens unsterbliche Dichtungen auf den Teppich ihres Thrones gelegt. In jähem Umschwung genügte ihm plötzlich ein Naturkind — ein Dirnchen mußte Charlotte sie nennen — zur Gefährtin. Entthronte können nicht milde und gerecht denken von jenen, um derentwillen sie ihren ragenden Sitz verloren! Es war Charlotte auch nicht möglich, die fürstliche Haltung einzunehmen, die für die Herzogin Luise in diesem Falle der einzige Ausweg war. Die Gattin Karl Augusts, die Regentin des Landes konnte dem nächsten Freund und höchsten Beamten ihres Gatten keine Ungnade bezeugen, wie sie, als strenge, sehr von ihrer Hoheit erfüllte Frau ganz gewiß unter anderen Bedingtheiten getan haben würde. Für sie blieb keine Wahl als völliges Übersehen der peinlichen Tatsachen. Ich möchte aber vermuten, daß auch sie in ihrem tiefen, sehr feinen Gemüt gelitten hat — war doch auch zwischen ihr und Goethe ein zartestes Erbeben der Herzen hin und her erfühlt worden, davon uns im „Tasso" Keusch-Ergreifendes aufbewahrt ward. Zu solcher stolzen Nichtbeachtung des Widrigen war Charlotte zu sehr die Erleidende.

Ihr blieb nur der Schmerz. Daß er das Gewand des Zornes und der Verachtung annahm, war ganz natürlich. Die Dame, die edle Frau, deren erziehende Hand er einst suchend ergriffen und dankbar geküßt, war auf das schwerste beleidigt. Das Weib, das er erweckt, dem er späte Jugend und das Wunder eines unerhört durchgeistigten Glücks gegeben, litt in qualvoller Entsagung. Was Charlotte in diesen ersten Jahren unter ihrer Bitterkeit geduldet haben muß, ist gar nicht auszudenken. Ihr ganzes Innere war erfüllt davon, und in ungezählten Wendungen, bei jeder Gelegenheit floß die Galle ihr von den Lippen. Goethes Neigung zum „Gemeinen" war für sie nun ausgemacht, und als sie fand, daß eine Dame ihrer Bekanntschaft dick und fett und munter geworden sei und nun auch etwas gemeiner aussehe, also einige verwandte Züge mit der Erscheinung Christianens hatte, setzte sie gleich voraus, daß die Betreffende jetzt ihm besser gefallen könne. Die Raserei solcher Bitterkeit zeugt fort und fort für die einstige völligste Zusammengehörigkeit; diese Art Empfindungen haben ihren Ursprung im

Geschlechtlichen. Ein Rückschlag von **solcher** Stärke ist nach der Zerstörung eines Seelenbündnisses nicht möglich!

Sie war so schwer gestürzt, aus solcher Höhe, daß sie ganz und gar ihr Gleichgewichtsgefühl verloren haben muß.

Wenn Charlotte auch, wie ich oben sagte, ihre Verbindung mit Goethe als eine dauernde ansah, sich ihm und ihn sich für immer fest angeschlossen wähnte durch das gebrachte Opfer, auch als Frau, wie alle Frauen, von Ewigkeiten in der Liebe träumte, so kann es doch auch nicht an Anwandlungen der Sorge gefehlt haben. Sie muß, sie wird zuweilen bei sich die Möglichkeit einer Heirat Goethes erwogen haben — natürlich als etwas in unbestimmter Zeitferne nur Denkbares. Als gesetzten Fall, an den man tiefinnerlichst doch nicht glaubt. Aber wie auch ihre Phantasie in solcher Richtung sich in allerlei Zukunftsmöglichkeiten ergangen haben mag, was nun wirklich eintraf: der hohe Mann in einer wilden Ehe lebend — das mußte ihr unerträglich sein, vor allem, weil er in seiner Handlung selbstzerstörerisch erschien. Und um welch geringen Gegenstandes willen! Aber alles hätte sich rasch gemildert, der Zorn würde ausgeatmet, das verwundete Herz Fassung erlangt haben, wenn es Goethe nur beigekommen wäre, verständlicher zu handeln. Die jeder Schicklichkeit widersprechende Einrichtung konnte durch gesetzliche, priesterliche Segnung in eine bürgerliche Ordnung gebracht werden — oder sie konnte jäh, wie sie begonnen, enden. In einem Fall würde Weimar und würde Charlotte sich achselzuckend zur Nachsicht gezwungen gefühlt haben; im anderen Fall konnte man eine etwas zu offen durchkostete Liebesentgleisung dem Genie gern verzeihen. Aber es gefiel Goethe, in der peinlichen, für keinen Menschen annehmbaren und in die konventionelle Ordnung der Gesellschaft nicht einfügbaren Lage zu verharren. Dies bedeutete für die strenge und stolze Frau, die zuvor die Seine gewesen, eine beständige Herabwürdigung ihrer selbst und seiner Persönlichkeit. Es war keine Katastrophe, die vorüberbrauste, von der man sich erholte und erhob. Es ward eine dauernde Marter. Und gerade diese Tatsache mußte für Charlotte eine beständige Aufreizung zu äußerster Bitterkeit werden, denn von sich aus konnte sie den Mann und den Zustand, in den er sich gebracht, niemals verstehen. Wie sollte sie! Wie etwas davon ahnen, daß all seine dämonische Spannkraft von seinem beständigen Werden in Anspruch genommen sei — daß aber sein Dämon, in eine menschliche Erscheinungsform hineingeheimnist, doch auch von dieser abhängig blieb und daß der Mensch Goethe in einem entspannten Sichgehenlassen Erholung fand! Sie war keine schöpferische Natur, also fehlte ihr die Intuition, das Unerklärliche sich zu zergliedern und zum Verständnis durch psychologisches Erkennen zu kommen. Sie war nur eine Anempfinderin. Und je näher sie als solche in Zeiten der Liebe seinem Wesen gekommen, desto ferner mußte sie seinen geheimnisvollen Zwangshandlungen bleiben in Zeiten des Zornes.

Charlotte konnte wirklich nicht anders: wenn sie für das Grab ihrer Liebe einen Kranz flechten wollte, fand sie keine weißen Rosen in ihren Händen, sondern nur stachlichte Dornenzweige.

9

Nun hob ein neuer Abschnitt im Leben der Frau an, die eine Natur von passiver Tragik war. Eine von jenen, denen es nicht vorbestimmt ist, sich durch krachende Ungewitter zur heroischen Haltung emporzuringen, sondern vielmehr eine von diesen, die im Nebel sich weitertasten müssen, die geradezu die Neigung haben, noch Nebel um sich zu schaffen, wenn es einmal wirklich hell werden will. Welche Helle zu bemerken, zu genießen, sich einzugestehen, ihnen der frische Mut fehlt. Sie war ein im tiefsten Innern glückloser Mensch; trotz des Glanzes, den Goethes Liebe ihr gab, war der Schatten recht ihr eigentlicher Stimmungsgeber. „Ich habe keine glückliche Natur, bei mir vernarbt keine Wunde,“ sagte sie einmal von sich. Sie hatte von sich selbst das Gefühl, als sei sie unempfindlich geworden, vor versteinertem Schmerz; sprach es aus, daß ihr am wohlsten sei, wenn sie sich zur Statue machen könne, erkannte sich als durch Goethes Abschied im voraus geheilt von allen ihr etwa noch bevorstehenden Schmerzen.

Der Last dieser Leiden kann man nur mit der Frage gegenüberstehen: Waren sie denn notwendig? unumgänglich? ein Schicksal, das ihr zitterndes Herz nicht hatte von sich wehren können?

Völlig unverständlich und unnötig wären sie gewesen, wenn die Verbindung zwischen Goethe und

Charlotte niemals die Bezirke des ausschließlich Seelischen, Geistigen verlassen hätte. Denn aus diesem Bezirk wollte er die Freundin gar nicht entlassen! In den ergreifendsten Worten bat er doch, daß sie bei ihm bleibe, was sie ihm als Vertraute gewesen. Die Briefe vom 1. und 8. Juni 1789 sind ergreifend. Wie hätte Charlotte nicht gerührt verstehen sollen! Sie hätte einsehen müssen, daß sie nichts, gar nichts durch Christiane Vulpius verlor — falls sie nicht einst mehr von Goethe besaß, als er ihr nun noch bot. Daran kommt man nicht vorbei!

Sie, die ihn mit klugen, feinen Lenkungen einst erzieherisch beeinflußt, sie hatte das Recht und würde es sicher maßvoll benutzt haben, ihm das Unzukömmliche und Schiefe seines Verhältnisses mit Christiane klar zu machen. Wahrscheinlich wäre es ein unnützer Versuch gewesen; denn einen Mann, der in einem erotisch-geschlechtlichen, ihn zu immer neuen Begierden und Entzückungen fortreißenden Bündnis verstrickt ist, hat noch kein kluges Frauenwort bezwungen und zum Einhalt gebracht. Aber der Versuch hätte im Rahmen ihrer Freundschaft gelegen, wäre Pflichterfüllung von seiten Charlottens gewesen. Dem Mann gegenüber, dem sie ganz gehört hatte, konnte sie solche Vorstellungen nicht mit noch so kluger Besonnenheit wagen. Ihre Überlegenheit war ihr ganz entglitten. Nur Zorn und Schmerz gärte in ihrer Brust; und ihr Mund fand nur eifervolle Worte; ihr von aufgezwungener Entsagung zuckendes Wesen verlor sein Maß. Sie, die Welterfahrene, ward so verblendet, daß sie übersah, wie sie durch heftige Gegenrede nur förderte und festigte, was sie durch nachsichtiges Verstehen und Eingehen, in Verbindung mit all jenen feinsten Tönen unmerklichen Abwiegelns, über die Frauen so meisterlich verfügen, vielleicht besiegt haben würde.

Aber nachsichtiges Verstehen war ihr, eben im Wissen und Erinnern der eigenen Hingabe, unmöglich. Und da quoll der Liebeshaß in ihr auf. Er ist das Ventil der von Jammer sonst zerbrechenden Frauenseele. —

Jedem Lebewesen gab die Natur Waffen. Auch die Frau hat deren viele. Große und würdige, wenn das Schicksal sich mit hohen Anforderungen an ihren Adel, an ihre sittliche Kraft wendet. Kleine und häßliche, wenn sie in ihrem Geschlechtlichen verletzt ward und sich verdrängt sieht, wo sie glaubt unzerstörbare Anrechte durch äußerstes Opfer errungen zu haben. Ungezählte Beispiele haben es dargetan: die Frau scheint mit einer Giftdrüse ausgestattet zu sein. Und wenn sie in ihrem Weibtum beraubt, verletzt, verarmt, betrogen, gedemütigt wird, spritzt sie eben ihr Gift aus. Zuerst und vor allem, ganz unlogisch, auf jene, um derentwillen sie leidet. Das ist die nächste und einfachste Tat der Eifersucht. Eine das Gemüt erleichternde und sättigende. Aber die Giftstrahlen, die gegen den vordem vergötterten Mann geschleudert werden, haben in sich die teuflische Kraft des Zurückprallens auf den Ausgangspunkt. Anstatt zu erleichtern, erweitern sie nur die Wunden eben durch ihre Rückkehr zur Quelle. Die widerstreitendsten Empfindungen durchdringen einander, und die Frau wäre schwerlich imstande, deutlich von sich auszusagen, ob sie mehr von Sehnsucht oder Ablehnung, mehr von beleidigtem Stolz oder von äußerster Demutsbereitschaft hin und her gerissen wird. Sie möchte Vergangenes ungeschehen machen können, und indem sie gegen sich wütet, weil sie sich gab, lechzt sie zugleich danach, sich wiederum geben zu dürfen. Sie verzweifelt darüber, daß der geliebte Mann vor ihren Augen von seiner Höhe sinkt, und zerrt ihn doch immer tiefer noch herab und raubt ihm alle Kronen — bereit, ihn sofort wieder zu erhöhen, falls es ihn anwandelte, nochmals Herr und Gott sein zu wollen. Es ist ein schauriges Paradoxon: gerade ein Liebesglück, das nach schweren Kämpfen als feierliche Tat gewährt wurde und sich hoch über allem Gemeinen fühlte, kann, wenn es enden mußte, jäh in widrigem Nachspiel verschlammen. Der erhabensten Glut schnellt oft der kälteste Giftstrahl nach. Die Ausnahmen hiervon sind selten und können den Charakter dieser Erscheinung als allgemein nicht aufheben. Nur bei ganz starken, heroischen und von stetem lebendigem Fluß geistiger Wichtigkeiten erfüllten Naturen, wie zum Beispiel Germaine von Staël eine war, die selbst gegen den problematischen Benjamin Constant zumeist milde blieb, verkümmerte die Giftdrüse unter dem großzügigen Zuschnitt des Wesens.

Charlotte aber konnte nach ihrem ganzen Werdegang nicht heroisch und nicht großzügig handeln in dem ihr zuerteilten Drama des Kampfes der Geschlechter. Auch sie, wie alle Menschen, stand unter dem Gesetz des Determinismus und mußte abhängig bleiben von ihren leiblichen und seelischen Bedingtheiten. Nicht einmal ihr ästhetischer Geschmack half ihr. Zu anderen Zeiten, in besserer Lage, hätte er ihr sicherlich die Hand auf den Mund gelegt, damit ihm keine scharfen Schmähworte entschlüpften; er hätte ihr geboten, im Rahmen ihrer sonstigen Vornehmheit zu bleiben, und Schmerz und Gift stumm hinunterzuwürgen. Allein wir müssen uns der Krankenstubenluft erinnern, die in Charlottens Haus stagnierte; wir müssen daran denken, daß diese seelische Erschütterung, diese unfaßliche Erfahrung sie betraf in den mühsamsten Jahren, die einem ins Matronenalter hinüberwechselnden Weibe beschieden sein können. Jemand, der sich kaum im düsteren Alltag zu behaupten vermag, kann einem Sturm keine feste Stirn zeigen. So brach häßlich heraus, was unter körperlich günstigeren Zuständen, vielleicht von äußerlich stolzer Haltung gedeckt, ein innerliches Ringen geblieben wäre, von dessen Mangel an Größe und an Stolz man dann gar nichts erfahren haben würde. Die geheimen Tragödien finden keine Richter. —

In diesen Zeiten der bitterlichsten Qual und des Erstarrtseins vor Schmerz erscheint Charlotte dem sie aus rechter Standferne Betrachtenden kühl und sachlich in allen anderen Zuständen und Anforderungen ihres Lebens. Wie sich eben Frauen geben können, die mit einem Gram ringen, der ihnen wichtiger ist als der gesamte übrige Inhalt ihrer Umwelt. Auch eine Art Ernte und Frucht solcher Leiden. Aber nicht von liebenswürdiger Wirkung. Daß die Frauen nicht sachlich seien, ist der ewige Vorwurf, der ihnen gemacht wird. Erzwingt sich aber eine unter fast tödlichen

Schmerzen Sachlichkeit, so sind die Zeugen und Objekte ihrer selten entzückt davon. Es ist, als ahnten sie, daß ein bestes, edelstes Stück Weibstum der Erwerbspreis für diese Sachlichkeit war. — Karl von Stein schrieb in jenen Jahren von seiner Mutter, daß er sie recht lieb habe, „nur ihre Fassons nicht, vermöge welcher sie mit dem besten Willen vielleicht die unangenehmsten Sachen sagt".

Aber auch diese Jahre gingen, mühsam, einförmig, vorüber. Und jedes einzelne mag für Charlotte hunderttausend Tage gehabt haben. Denn sie konnte nicht einmal versuchen, sich die Wohltat des Vergessens zu erringen. Sie sah zuweilen Goethe. Sah ihn auch mit Christiane, mußte sich dann Mühe geben, nicht zu sehen! Das ließ die Wunden nicht zum Vernarben kommen. Übrigens will ich es doch dahingestellt sein lassen, ob nicht diese feindselige Teilnahme am Leben des Geliebten, ob nicht dies kühle, ferne Sich-sehenmüssen über den Abgrund von Jammer hinweg immer noch dem verarmten Herzen erwünschter war als Trennung durch unüberwindbare Räume.

Und dann kam der Tag, wo wieder, spärlich zwar nur, ein brieflicher Austausch begann. Und weil in den Briefen dieser langen, langen letzten Epoche, die erst mit dem Tode der uralt Gewordenen endete, nichts stand, was vor den Augen der Welt zu verbergen war, so sind sie erhalten geblieben. Man braucht nicht empfindsam zu sein, um doch immer wieder eine Art von Schrecken zu fühlen, wie vor einer tragischen Offenbarung, wenn man die Unterschrift dieser Briefe ansieht: „von Stein."

Kalt steht das da. Ein Dokument des neuen, fremden Zustandes zwischen ihr und ihm, der ihr einst schrieb, in jenen Zeiten vollen Glückes schrieb: „Ich begrüße meine Lotte mit der Freundlichkeit aller Gestirne und frage, ob sie recht wohl ist und sich des schönen Tages freut. ... Du stündlich Geliebteres! Wenn ich nur mein Wesen vermehren könnte, daß Dich immer etwas mehr an mir liebte. ... Behalte mich in einem recht feinen Herzen." Der Fluch aller Liebe, zu sinken, hatte auch die ihre getroffen.

Aber langsam, sehr langsam strich der Schein milder Abendsonne über den zusammengestürzten Tempelbau hin und belichtete Spuren einstigen Reichtums. Und etwa fünf Jahre, nachdem das Schwert der Bitterkeit all das blütenreiche, fruchttragende Gerank durchschlagen hatte, das den starken Stamm seines Lebens so lange mit dem ernst-anmutigen Wuchs des ihren verbunden, sproßte sacht eine neue Verbindung empor. Im Februar 1795 konnte Charlotte an Schillers Frau, die ihr gewissermaßen ein liebes Pflegetöchterchen war, schreiben:

„Daß Goethe sich Schiller immer mehr nähert, fühle ich auch, denn seitdem scheint er mich wieder ein klein wenig in der Welt zu bemerken. Es kommt mir vor, er sei einige Jahre auf eine Südseeinsel verschlagen gewesen und fange nun an, auf den Weg wieder nach Hause zu denken."

Vorher aber schon und bald nachher waren es die rührendsten Vermittler, die kalt gewordene Hände vorerst zu wenigstens achtungsvollem und freundschaftlichem Druck ineinander fügten. Ihre Kinder! Fritz und August. Fritz, der schon Erwachsene, der bereits in die Welt Hinausgetretene, blieb immer in Neigung und Zutrauen an Goethe angeschlossen. Und die ersten Briefe, die uns der neue Zustand zeigt, handeln denn auch von den Angelegenheiten Fritzens, von seiner wirtschaftlichen Existenz, deren Grundlagen natürlich vom Herzog erwartet wurden. Anders kannte Charlotte es ja gar nicht; diese Anforderung und Hoffnung war einfach Überlieferung in der treu, aber auch sehr abhängig dem Hofe angeschlossenen Familie. Und als Goethe ihr Nachrichten vom Lieblingssohne zuschickt, klingt eine kaum verborgene Weichheit aus ihrem Dank. Sie schließt mit den rührenden Worten: „Es freut mich, daß Ihnen Ihr altes Kind immer treu bleibt."

Charlotte war sicherlich keine Kinderfreundin an sich; keine von jenen mütterlichen Naturen, die vom Liebreiz, oder der Not, oder der Begabung fremder Kinder ergriffen werden können; die vor dem Kinde zärtliche Andacht empfinden. Wenn sie also August, das Söhnchen Christianens, ihren kleinen Freund nennt, wenn sie geradezu klagt, daß er lange nicht bei ihr war, wenn sie ihn liebevoll an ihr Herz nimmt und sein Hinundhergehen zwischen dem Goetheschen Hause und ihrer Wohnung etwas häufiges, eine Gewohnheit wird — so spricht diese Wendung der Dinge in reichlichen Zeugnissen vom Erlöschen des Zornes, vom leisen Wiederaufblühen der alten Liebe, die dem Kinde zeigt, was seinem Vater gegenüber verborgen bleiben muß, unter der Maske nun wohlgeordneten gesellschaftlichen Verkehrs. Dieser wurde nach und nach wieder aufgenommen. Und so formvoll er war:

es strahlen auch von ihm aus noch Beleuchtungen zurück auf den geistigen Inhalt der großen, alles Menschliche umfassenden Vergangenheit, die in ihrer beider Erinnerung sich immer reicher dargestellt haben muß. Goethe suchte und fand wieder Charlottens Geleitschaft für sein Werk; in ihre Hände legte er Manuskripte, damit sie lese und teilhabend in sich aufnehme, was der Öffentlichkeit noch vorenthalten bleiben sollte. Er schickte ihr Zeichnungen. Ein Austausch von Büchern und Zeitschriften fand statt. Sie war ein für allemal zum Donnerstag eingeladen, um seine Kunstsammlungen kennen zu lernen. Goethe hielt in einem kleinen Kreis von Damen, denen sich auch oft die des herzoglichen Hauses zugesellten, Vorlesungen, und an Charlotte wandte er sich dabei für die gesellschaftliche Regie, wenn ich mich so ausdrücken darf. Es kam vor, daß er dazu um ihren Diener bat, der die Schokolade anbieten sollte. Und wie in alten Zeiten beschenkte man sich mit guten Sachen für den Tisch: Fische, Früchte, Erstlinge des Gemüsegartens. Und es kam sogar der Tag, wo Charlotte anläßlich einer Sendung junger Rübchen, der „lieben Hausfrau", die Christiane 1806 endlich geworden war, durch Goethe ihren Dank für das Gericht bestellen ließ. Schon 1810, als er im Mai von Jena aus nach Karlsbad reisen mußte, ohne sich zuvor von Weimar, Charlotten und den Seinen noch verabschieden zu können, bat er die Freundin: „Mögen Sie mir eine Wohltat erzeigen, so tun Sie in meiner Abwesenheit den Meinigen etwas zuliebe, die ich abermals länger als billig allein lasse."

So völlig vertraute er ihrer gütigen Gesinnung! Und dabei war Charlotte das einzige weibliche Wesen, auf das Christiane — wie bemerkenswert! — eine leise Eifersucht zeigte.

Welche Herzlichkeit, ja mehr als solche, welche Innigkeit bricht wie unwillkürlich schon bald nach dem wiederhergestellten Umgange aus seinen kleinsten Zuschriften. „Darf ich fragen, ob Sie mir den trüben Morgen erheitern mögen durch Ihre Gegenwart?" — „Heute hoffe ich soll der letzte Donnerstag sein, an dem ich Ihre liebe Gegenwart entbehre." — „Der Hunenkönig harrt vor den Toren von Rom. Ich aber noch viel ungeduldiger auf ein baldig Wiedersehen!" — Der Austausch kurzer Nachrichten zwischen den am gleichen Ort Angesessenen wird zu ausführlichen Mitteilungen, sobald Goethe in Jena oder in Karlsbad ist. Und die harte, kalte Unterschrift, die ihre Feder anfangs unter die kargen und notwendigen Mitteilungen setzte, nehmen weichere Formen an. Sie nennt sich: „Ihre Verehrerin von Stein" — „Ihre treue Verehrerin von Stein" — ihm durch dieses Wort sagend, daß die Tragödie, die sie um ihn durchlitten, ihre Bewunderung des Dichters nicht überschattet habe. Und endlich, an der Schwelle fast des Grabes, entringt sich ihrem Herzen noch ein zärtliches Wort. Wie eine Jerichorose entfaltet sich noch einmal die Neigung zu ihm, und in ihrem letzten Geburtstagsbrief, am 28. August 1826, nennt sie ihn „geliebter Freund!" —

Alles beweist, daß er der Geliebten von einst völlig die Psychose vergeben hatte, in die sie verfiel, als er seine Stellung zu ihr in eine wunschlose, rein geistige Freundschaft zurückzulenken sich bemühte. Freilich war Charlotte längst in eine neue, die letzte Lebensepoche der Frau getreten. Als sie 1795 meinte, daß Goethe sie wieder ein klein wenig in der Welt zu bemerken schien, war sie dreiundfünfzig Jahre alt, und vielleicht kam es ihr dann auch nachdrücklich zur Erkenntnis, daß der sechsundvierzig Zählende in voller Mannesblüte stehe, während ihr Weibtum zu Ende war. Eine belehrende, mildernde Erkenntnis. Sie hatte nun „die Heiterkeit des Alters" erlangt; oder nach den Gesetzen ihres Wesens besser ausgedrückt (denn heiter war Charlotte nie): die innere Freiheit und reine Menschlichkeit der von den Lasten der Geschlechtlichkeit Befreiten. In solcher Erhöhtheit, in solchem Ausgeschaltetsein aus den Zwecken der Natur mag es wohl geschehen, daß in den Nerven einer Frau völlig das Gedächtnis abstirbt an alle Freuden, Leiden und Zornigkeiten der Weibheit. Irgend etwas ist ausgelöscht. Dies Vergessen des Fleischlichen der Liebe zeitigt bei manchen alten Frauen strenge Sittenrichterei; bei anderen aber wieder lächelnde Milde, die das Vergängliche der so wichtigen Geschlechtsangelegenheiten erkannte. Zuweilen tritt auch eine vollkommene Gleichgültigkeit gegen die Beziehung der Geschlechter zueinander ein. Charlottens Gestimmtheit mag wohl halb Milde, halb Gleichgültigkeit geworden sein.

Goethe hätte sicherlich nie verziehen, was aus Charlotte an Feindseligkeit und Schärfe in jenen ersten bitteren Jahren nach der Trennung herauskochte, wenn er sich nicht schuldig vor ihr gefühlt haben würde.

Man muß immer wieder an seine Worte erinnern: „Mit Dir kann ich am wenigsten rechten, weil ich bei jeder Rechnung Dein Schuldner bleibe." Ein Geständnis, das viel umschließt! Er, dessen von Höhe und Einsamkeit umwitterte Haltung seine Umgebung einschüchterte und zum Teil in aller Ehrfurcht auch — langweilte, er würde es verstanden haben, einen aus Rücksicht auf den Hof schließlich nötigen Verkehr mit Charlotte höflich zu unterhalten. Darüber hinaus zur Herzlichkeit hätte es ihn gewiß nicht gezogen, wenn seine Erinnerung nicht Charlottens Zorn und ihre Leiden begriff. Und Bruch und spätere Versöhnung zeugen dafür, wie er ihrer Erbitterung, die sich giftbewaffnet gegen ihn und Christiane erhoben, Berechtigung zuerkannte, wie er ihre Haltung dahin verstanden haben muß, daß die ganze Psychose nur Eifersucht, die elementare des Geschlechtes, gewesen war.

Ob es jemals zwischen ihnen zu einer Aussprache über das Einst kam, wissen wir nicht. Ich möchte glauben: nein! Mit vorsichtigem Schweigen und wortlosem Sichverstehen werden sie die Vergangenheit in ihrem Sarkophage haben ruhen lassen, gerade weil auch einige Fratzen und Dornen auf seinem steinernen Deckel eingemeißelt waren. —

Wenn auch im Gedächtnis die irdischen Gluten verblassen: kein Herz wird so trocken und so alt, daß es nicht noch lieben, noch leiden, sich erinnern könnte, wenn es einmal gewußt hat, was Blühen ist! Die Runen, die ein großes, erhabenes und erhebendes, dem Dasein die Weihe der Erfüllung bringendes Erleben in das Gedächtnis schrieb, verlöschen nie. Und die Zeit, die

Versöhnung, das Alter geben dem, was einst Leidenschaft war, auf das Zarteste Keuschheit zurück. Charlotte hatte es auch einmal in bezug auf Goethe, als ihr schien, er nehme die Liebe nur als die sexuelle Wichtigkeit der Jugend, ihrem Sohne Fritz gegenüber ausgesprochen: „Die schöne, bleibende Liebe ist für jedes Alter geschaffen!"

Und diese „schöne, bleibende Liebe" ging als milder Stern in späteren Jahren wieder über ihnen auf. Goethe und Charlotte schritten in einem ethisch wie ästhetisch gleich wohltuenden Nebeneinander jenem letzten Ausgang zu, hinter dem die ewige Stummheit waltet. Niemand konnte priesterlicher die Summe all dieses Geschehens ziehen als er selbst in seinen allerletzten Worten an sie:

„Neigung aber und Liebe unmittelbar nachbarlich angeschlossen Lebender durch so viele Zeiten sich erhalten zu sehen, ist das Allerhöchste, was dem Menschen gewährt sein kann.

Und so für und für!

Weimar, den 29. August 1826. Goethe."

Die Tage ihrer letzten Jahre reihten sich aneinander gleich einer Schnur grauer Perlen, deren stille Kostbarkeit kaum ein leiser Glanz verrät. Und es kam der Tag, wo sich keine mehr der edlen Reihe anfügte.

Am Sonnabend den 6. Januar 1827 ging Charlotte ihm voraus in den Tod. In jenem erhabenen Schweigen, das er bei tiefstem Schmerz bewahrte, nahm er die Nachricht in sein Herz auf. Und der Name der einst Geliebten kam nicht über seine Lippen!

Nachwort

Daß Charlotte eine in der Bewertung so weit auseinandergehende Beurteilung erfuhr, kann nicht Verwunderung erregen, denn Männer richteten sie. Und bei deren Versuch, diese weibliche Gestalt psychologisch zu durchdringen, wird man sich der Warnung Jakob Burckhardts vor der Gefahr der Wünschbarkeit in der Darstellung von Geschichte erinnern dürfen. Wünschbarkeit, erwachsen aus Bedürfnis und Betroffenheit. Dies wird etwas näher auszuführen sein.

Der Mann stammt vom Weibe, und jedes Weib ist ihm, ohne daß aus den Untergründen seines Gemütes die deutliche Erkenntnis davon auftaucht, Geschlechtsgenossin seiner Mutter. Wenn ein Weib ihn enttäuscht, ist ihm, als zeuge das unbestimmt und ganz allgemein auch gegen seine Mutter. Je männlicher und gesunder ein Mann empfindet, je lauterer seine Anschauungen sind, desto höher wird er das Weib stellen, und seine Erwartungen von ihrem Seelenadel, ihrer opferwilligen Haltung, ihrer Demut, die in der vollkommensten Form identisch mit keuschem Stolz ist, werden über das Maß des vielleicht Möglichen gehen. Er übersieht, daß es gar keine ganz reine Erscheinungsform des Weibes gibt. Daß auch die Frau von den Bedingtheiten ihrer Herkunft, Umwelt und Körperlichkeit abhängt. Und wie sehr dies Charlotte tat, habe ich ausgeführt. — Wenn nun das Bild, das sich der Mann von der Idealität der Frau macht, nicht zutrifft, gärt in ihm Groll auf. Denn ohne daß er es sich eingestand, hatte er Forderungen erhoben, auf Grund seiner von ihm selbst gezogenen Linien hohen Schwunges. Nun fühlt er sich um irgend etwas betrogen. Er zeigt sich in seinem Urteil über die Frau schärfer, als er es jemals über die Schwächen eines Mannes sein wird. Denn die des eigenen Geschlechts kann er sich psychologisch erklären, während er an den Schwächen der Frau, ohne immer zu begreifen, mit zu harten Händen herumtastet. Menschen verschiedener Rasse vermögen schwerlich einander ganz zu ergründen und zutreffend zu zergliedern. Gerade so unmöglich ist es, daß ein Mann das Weib völlig klar sieht und beurteilt. Es sei denn, daß er ihr mit der Intuition des großen Dichters gegenüberstehe. Aber auch sie versagt: Goethes Versuche, sich in der Krisis Charlottens Freundschaft zu erhalten, scheiterten, weil er nicht erkannte, wie viel stärker der Nachhall des geschlechtlichen Verkehrs im Weibe ist als im Manne, wieviel Forderungen sie an das für ihn nur Begrenzte und mit Selbstverständlichkeit Überwundene knüpft.

Wer möchte, wollte und *brauchte* zu verhehlen, daß Charlotte der Giftwaffen des Weibes sich bediente? Das Verlangen, daß sie Goethe hätte mit einer Großmutsgeste entlassen sollen, ist doch, nach allem, was Charlotte ihm gegeben hatte, übermenschlich.

Es schieden auch Kämpfe und Auseinandersetzungen aus, die Christiane etwa in kleinlicher, herrschsüchtiger Selbstsucht hätte hervorrufen können durch das Verlangen, den Geliebten auch geistig allein für sich zu haben. Dazu war Christiane in der allerersten Zeit ihrer Vereinigung mit Goethe noch allzusehr nur „Bettschatz“, um mich dieses Wortes der Frau Rat nochmals zu bedienen. Und überhaupt auch zu gütigen Herzens.

Von welcher Seite her man auch die Lage betrachtet: als Erklärung für Charlottens Mangel an vornehmer Haltung bleibt immer nur das Eine! Durch ihre Hingabe war sie aus der ihrem Wesen zukömmlichen strengen Linie gekommen und stand nun zitternd im Leeren, einer niemals für möglich gehaltenen Erfahrung preisgegeben. Und für die Anschauung der meisten Männer wäre es so wünschbar, daß sie sich entweder immer versagt oder im Verzicht bequem betragen hätte. Dies würde die Ganzheit ihres Wesens unbeschädigt erscheinen lassen. Nun läuft ein Riß hindurch, der unbegreiflich scheint. Aber eben nur scheint.

Ihr gegenüber, die nur als Heraufbeschworene, als durch psychologische Wissenschaft neu Belebte vor uns stehen kann, deren eigene Offenbarungen aus der Zeit ihres Glückes wir nicht kennen, bleibt für den betrachtenden Mann nur: Idealisierung aus Bedürfnis, in vielleicht gewollter Blindheit, unter konventionellen Formeln; oder scharfes Verurteilen aus enttäuschtem Bedürfnis.

Mit der Betroffenheit aber scheint es mir so bestellt. Wer spiegelt sich nicht in der Lebensbeschreibung eines Großen? Wenn der Biograph es nur irgend verstand, Wesen und Gemütsart seines Dargestellten einigermaßen klar zu belichten, werden von hundert

Lesern neunzig sich selbst in vielerlei Einzelheiten wiederfinden. Je ragender ein Mensch ist, um so mehr umfaßt sein Ich eine Unsumme allgemein menschlicher Schwächen, Velleitäten, Kräfte. Jeder Große scheint ein Einziger. Und ist doch auch die höchste Potenz von allem, was im Durchschnittlichen, Kleinen an Möglichkeiten ungeweckt oder in kümmerlichen Versuchen lebt. — Es könnte als groteske Unbescheidenheit wirken, wenn Herr Hinz oder Kunz sich Bismarck, Goethe, Wagner gegenüber ein und das andere Mal an die Brust schlägt, um zu rufen: „Welche Verwandtschaft mit mir!" Das heitere Auflachen darüber unterbleibt aber besser. Man denke daran, daß die naive, die unfaßliche, die größte Anmaßung, die jemals ein Volk dieser Erde beging, sich im Jehovabegriff der alten Hebräer findet: „Gott schuf den Menschen ihm zum Bilde, zum Bilde Gottes schuf er ihn." Diese Vorstellung Gottes, als von irgendwie unbegreiflich erhöhter, aber doch menschlicher Erscheinungsform, hat verborgene Verwandtschaft mit dem Gefühl, daß auch die Unsterblichen aus dem gleichen Stoff geschaffen sind wie die Kleinen, die Herde. Aus dem gleichen Empfinden spricht Goethes:

„Wär' nicht das Auge sonnenhaft,
Die Sonne könnt' es nie erblicken;
Läg' nicht in uns des Gottes eigne Kraft,
Wie könnt' uns Göttliches entzücken?"

Wenn ein ganzes Volk sich denken konnte, daß der Mensch dem Bilde Gottes nachgeahmt sei, wie verständlich ist es dann, wenn wir in einem Großen nur eine in das Riesenhafte vergrößerte und tausendfältig vervollkommnete Wiederholung unseres Selbst sehen!

Nun denke ich mir, daß gerade Männer von starkem Intellekt und nicht minder starkem Temperament, das Klugheit oft besonnen zügelt, Blut oft stürmisch brausen läßt, ihr Selbst so, wie ich umschrieb, in Goetheschen Einzelzügen widerspiegeln. Ganz besonders werden sie ihn verstehen und ihn verteidigen, neben ihm fechten in seinen ihm notwendigen „Treulosigkeiten". Die Abwendung von Charlotte zu Christiane steht unter dem Rechte der Natur. Das kann und wird keine verständige Frau leugnen. Aber der Mann wünscht im allgemeinen nicht, daß aus der Freizügigkeit seiner geschlechtlichen Bedürfnisse tragische Fälle erwachsen. Dazu ist sie — die Freizügigkeit — ihm nicht Ausnahmefall genug, ist ihm etwas Zukömmliches. Charlottens kleinliches und doch zugleich auch bitter schmerzliches Gebaren wird zum Vorwurf gegen das ganze andere Geschlecht. Es ist betroffen! Diese Erkenntnis hat sich mir aus manchem eingehenden Wortstreit mit gescheiten und über den Fall unterrichteten Persönlichkeiten aufgedrängt.

Um welchen tiefsten Zwang es sich bei Goethe beim Erfassen und Entlassen des Weibes in und aus den Epochen seines Werdeganges handelte, und daß daher diese — von mir unterstellte, unbewußte — Betroffenheit hier sich unnötig angeregt fühlt, braucht an dieser Stelle nicht weiter ausgeführt zu werden.

Verlangt man von einem Fiebernden die Haltung eines Gesunden? Erwartet man an einer Bahre vom Beraubten ein Benehmen auf gewohnter Stufe? Der ruhige Verstand wird solche Lagen bei seinem Urteil über die Ganzheit einer menschlichen Erscheinung ausschalten. Aber Charlotte wurde oft nach dem Wesen beurteilt, das sie in der prüfungsreichsten Zeit ihres Daseins zeigte. Als Frau möchte ich schonungsvoll und mitleidig diese bösen Jahre in Charlottens Leben eher umhüllen als entblößen. Denn um dieses Ausnahmezustandes willen darf sie nicht als Angeklagte vor der Nachwelt stehen, die ihr Dank schuldet. Für die Häßlichkeiten, die sie zeigte, sind die Bedingtheiten ihrer Erziehung und Umwelt verantwortlich zu machen; noch mehr und vor allem aber die schwere, körperliche Not ihres Überganges ins sterile Alter, der bei so vielen Frauen Störungen des seelischen Gleichgewichtes hervorruft. Aus den Fugen kann man aber immer nur kommen gemäß der vorhandenen Konstruktion. Ein weicher Mensch wird im Schmerz erzwungener Entsagung Tränen und Klagen haben und sich zu raschem Vergeben bereit finden lassen; eines Herben Seele zerfrißt Bitterkeit.

Und Charlotte war niemals ein freudig leuchtendes Geschöpf. Als sie „Sakuntala" kennen lernte, machte es bei der Lesung dieses indischen Dramas den stärksten Eindruck auf sie, daß schon vor fast zweitausend Jahren der Wunsch bei einem denkenden Menschen hervortrat, sich an die Gottheit mit der Bitte zu wenden, ihn nicht wiederkehren zu lassen in diese vergängliche Welt, den Schauplatz der Verbrechen und Strafen. Immer wieder, auf den meisten Blättern ihres Lebensbuches finden wir die Spuren ihrer schwerblütigen, ihr von der Mutter her überkommenen Art, die ihr Schicksal war, an dem sie, gleich an einem lastenden Kreuz getragen hat.

Auch der Glanz, den Goethes Liebe um ihr Haupt wob, ward mit Leiden bezahlt, gemäß der urewigen Wahrheit, daß Glorienschein Märtyrerschmuck ist.

Zeitfracht Medien GmbH
Ferdinand-Jühlke-Straße 7
99095 Erfurt, Deutschland
produktsicherheit@kolibri360.de